オザキフラワーパーク 監修

枯らさず長く楽しむ

# 花の育て方図鑑

# Introduction

東京・練馬区から日本中に園芸文化を発信するオザキフラワーパークは、
都内最大級のガーデンセンター。

**Feel the Power of Plants**（感じよう！ 植物の力！）をスローガンに、
花苗・観葉植物のほか、あらゆる植物の販売や情報発信、イベント開催を行っています。
花苗から珍奇植物まで、さまざまな植物が豊富に揃い、まさに「買える植物園」。

本書は、そんなオザキフラワーパークが長年培ってきた「枯らさずに長く楽しむコツ」「たくさん咲かせ

るコツ」、そして「よく育つ花」「育てやすい花」を見つけるノウハウを
おすすめの花苗を中心に季節ごとにわかりやすく紹介しました。

身近に植物のある暮らしを楽しみ、
緑あふれる環境づくりにお役立ていただけると幸いです。
自分だけのひと鉢を育てる喜びを、ぜひ体験してみてください。

**OZAKI FLOWER PARK**
オザキフラワーパーク

# Contents

## Part 3 初夏〜夏に咲く花



## Part 4 秋〜冬に咲く花



## Part 5 葉や実を楽しむ植物

## Part 6 花苗と鉢花のガーデニング



**【本書をお使いになる前に】**

**Part 1**では、オザキフラワーパークでおすすめの花苗を、どのようにすれば花いっぱいに育つのか、また花苗選びのコツを紹介しています。

**Part 2～4**は、下記の時期に開花する、見応えがあるおすすめの植物を取り上げ、栽培スケジュールやその植物の特徴、育て方のヒントを紹介しています。

- 早春～春＝3～5月
- 初夏～夏＝6～9月
- 秋～冬＝10～2月

**Part 5**では葉や実を楽しむ植物を紹介しています。

**Part 6**では、日常的な栽培のコツについて紹介しています。

＊科名などは分類生物学の成果を取り入れたAPG体系に準拠しています。
＊植物データについては、関東以西平野部を基準にしています。
＊本文中の"太字"は品種名です。
＊栽培カレンダーの植えつけ・植え替えの時期は、前年度に買った苗や、すでに育てている鉢植えを庭に植えたりすることも含まれます。また、春先に出回るポット苗は、温室で加温して早く咲かせていることがあり、多くの地域で、すぐに花壇や庭に植えつけるには早すぎます。したがって、苗が流通する時期と安全に植えつけや植え替えができる時期が異なる場合があります。

**【植物の区分について】**

同じ植物で一年草と多年草が混在する場合は、どちらのカテゴリーなのかをわかりやすくするために、品種名の前後に「一年草タイプ」「多年草タイプ」と表示しています。

本来、自生地では多年草や低木であり、年月を経て長期間成長するものであっても、環境が異なる日本で栽培する場合は、夏か冬かを越えられずに一年草として扱うものについては「一年草扱い」と表示しています。

**【図鑑の見方】**

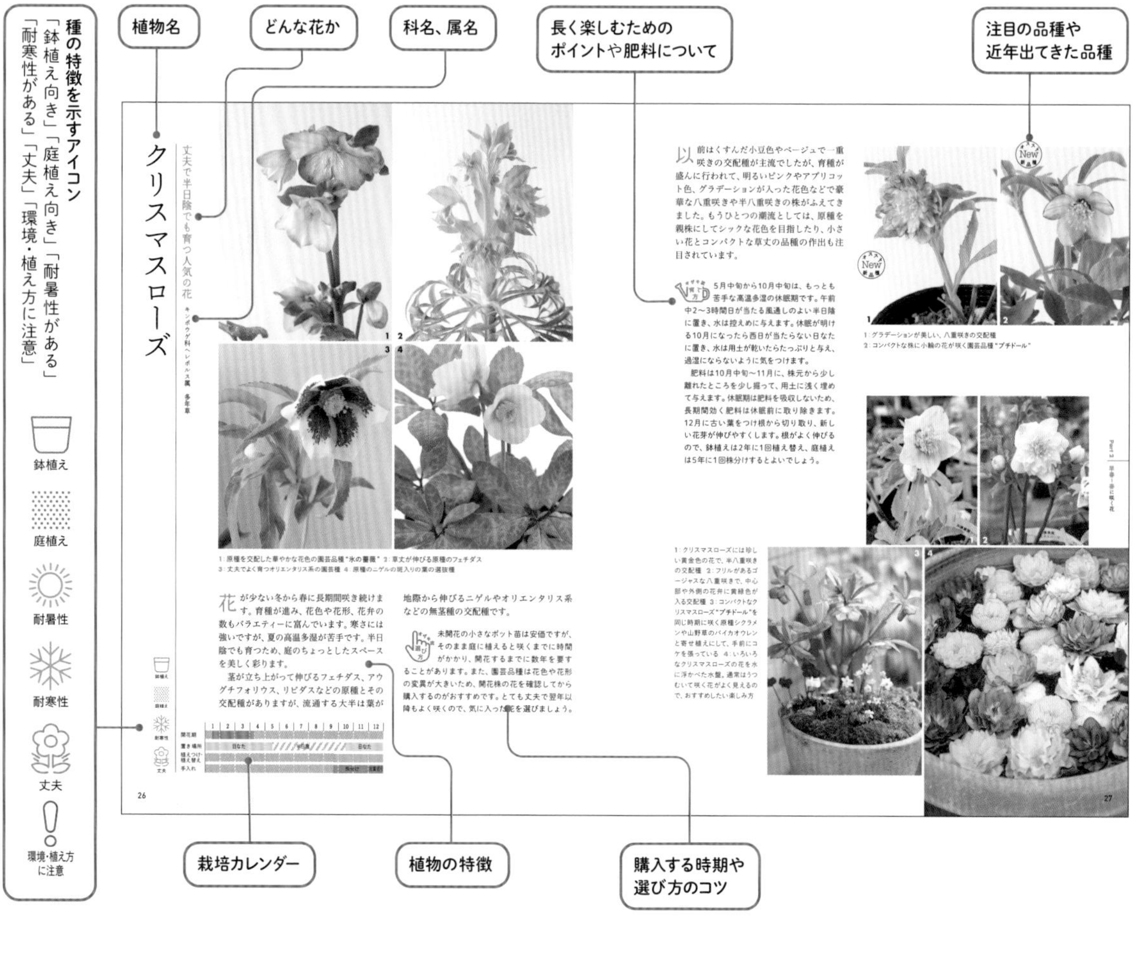

たくさん咲かせる！

# 草花の育て方

オザキ流のよく咲かせる花苗の育て方や選び方を紹介します。

## Part 1

秋に植えつけて大株に育ち、春にたっぷり咲いた花たち。
左上：スーパーアリッサム“フロスティーナイト”、右上：ビオラ“$F_1$ペニー イエロージャンプアップ”、左下：ビオラ“フィオリーナ レッドフレア”、右下：パンジー “絵になるスミレ マリーヌ”

※$F_1$についてはP.156を参照

たっぷり咲かせる!

# [秋~春]花苗の植えつけ

涼しくなって、花苗がガーデンショップにたくさん揃う秋は、ガーデニングを始めるのにぴったりな季節です。中でも人気のパンジー、ビオラは、秋が植えつけの適期です。おすすめの植えつけ方で、たっぷり花を咲かせてみましょう。

用意するもの

- 素焼き鉢(8号:直径24cm、高さ21cm)
- 用土(草花の培養土)
- 鉢底石
- 土入れ(大・中)
- 箸
- 鉢底ネット
- ハサミ
- ジョウロ
- 緩効性化成肥料
- 苗:ビオラ**“フィオリーナ レッドフレア”** 3.5号ポット
- 鉢受け皿(汚れが気になる場合)

**A**

しっかり根が張れる大きさの**通気性のよい素焼き鉢**を選ぶ。生育のよいビオラなら、2~3倍の大きさまで育つことを考えて、直径24cm(8号鉢…1号は3cm)の素焼き鉢がおすすめ。素焼きは表面に細かい穴がたくさんあり、通気性がよい。

**B**

花苗は**ラベル**をチェックして、花がたくさん咲く品種か、確認した上で購入する。

## 植える前に、この3点をチェック

**Point 1** **育てたくなる花色や花形の品種を選ぶ**

**Point 2** **花数が多く、しっかりした苗を選ぶ**

**Point 3** **育ちやすい環境や植え方を知る**

## 植えてみよう

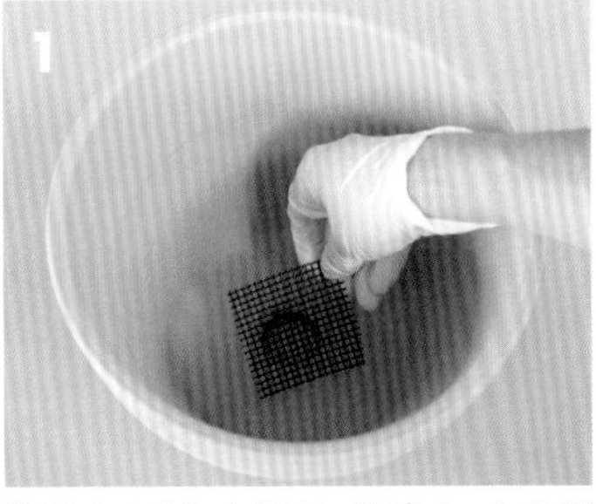


鉢底穴よりも大きめに鉢底ネットを切り、鉢底に敷く。

土入れ(大)で深さ1/4まで鉢底石を入れる。

用土に緩効性化成肥料を規定量入れる。

**3**をよく混ぜて肥料を全体に行き渡らせる。

**2**の中に**4**を深さ1/2まで入れる。

用土の表面を軽く平らにする。

苗を静かにポットから抜く。

株元に傷んで茶色くなった葉があったら取り除く。

苗を仮置きして高さを確認する。

バランスや向きを見ながら、株の地上部が鉢の中心になるように据える。

土入れ(中)に用土を入れ、鉢を回しながら隙間に用土を足し入れる。

箸で突いて鉢の中にしっかりと用土を詰める。水やりのスペースとして縁から2㎝確保する。

鉢底穴から水が流れ出るまで、たっぷりと水やりする。

### よく育つ管理のコツ

日当たりと風通しのよい場所に置き、用土が乾いたらたっぷりと水やりをする。

たっぷり咲かせる!

# [秋～春] 花苗の育て方

お気に入りの花苗を植えつけたら、経過を見守りながら育てていきます。ここでは8ページで植えつけたビオラを6か月間、花を楽しみながら手入れをして大株にするところまでを紹介します。1株をどのように大きく育てていくか、やってみましょう。

**大きく育てるためのコツ**

- Point 1 日光が好きな植物は、よく日に当てる
- Point 2 水やりは、用土が乾いたらたっぷりと
- Point 3 よく咲かせるため、肥料を切らさない
- Point 4 花がらや傷んだ葉は取り除き、伸びたら切り戻す

## 育ててみよう（ビオラ“フィオリーナ レッドフレア”の例）

### 植えつけ1か月後の作業（10～11月）

咲き終わった花は、タネをつける前に茎のつけ根の近くで切る。株全体をチェックして、傷んだ葉も取り除く。［週1回］

鉢の縁側の用土の上に緩効性の置き肥を規定量与える。［この時期に1回］

花に直接かけないように気をつけて、水をたっぷりと与える。［用土が乾いたとき］

### 植えつけ2か月後（11～12月）

咲き終わった花は、タネをつける前に茎のつけ根の近くで切る（花がら摘み。P.153参照）。タネをつけてしまったら、茎ごと早めに取り除く。株全体をチェックして、傷んだ葉も取り除く。［週1回］

規定倍率に水で薄めた液肥を鉢の用土にたっぷり与える。［月1回］

### 植えつけ3～4か月後（翌年1～2月）

咲き終わった花は、タネをつける前に茎のつけ根の近くで切る。株全体をチェックして、傷んだ葉も取り除く。［週1回］

規定倍率に水で薄めた液肥を鉢の用土にたっぷり与える。［月1回］

## 植えつけ5～6か月後の作業（翌年3～4月）

長く伸びた茎を裏返して茶色く傷んだ葉を取り除く。伸びすぎたり混み合った茎は、つけ根の近くをハサミで切り戻す（切り戻し。P.153参照）。花が終わったものと傷んだ葉を取り除く。月1回

規定倍率に水で薄めた液肥を鉢の用土にたっぷり与える。また株が育つ。月1回

## “たっぷり咲き”までの流れ

ここで紹介する4種類は秋～春にたっぷり咲いて大きく育つのでおすすめです。特に上段の2つはよく育ちます。

植えつけ 10月

2か月後 12月

5~6か月後 翌年 3~4月

こんなにたっぷり咲いた！

● ビオラ “フィオリーナ レッドフレア”

● スーパーアリッサム “フロスティーナイト”

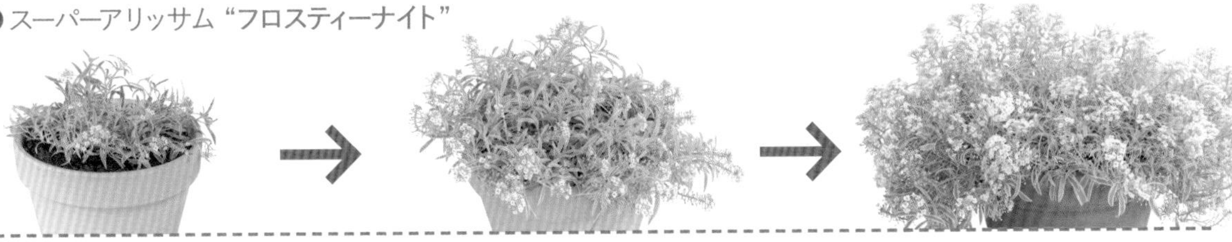

● ビオラ “$F_1$ペニー イエロージャンプアップ”

● パンジー “絵になるスミレ マリーヌ”

# [初夏~秋] 花苗の植えつけ

初夏から秋まで開花する草花は、本格的に暑くなる前に植えつけてしっかり根を張らせると、たくさんの花を咲かせます。より丈夫に育てるには、切り戻して芽の数をふやしましょう。そうすることで、夏の暑い時期を乗り越えられます。

用意するもの

- 素焼き鉢(8号:直径24cm、高さ21cm)
- 用土(草花の培養土)
- 鉢底石
- 土入れ(大・中)
- 箸
- 鉢底ネット
- ハサミ
- ジョウロ
- 緩効性化成肥料
- 苗:ペチュニア“**エポック パープル**”3.5号ポット
- 鉢受け皿(汚れが気になる場合)

**A**

しっかり根が張れる大きさの**通気性のよい素焼き鉢**を選ぶ。伸長のよいペチュニアなら、3～4倍の大きさまで育つことを考えて、直径24cm(8号鉢…1号は3cm)の素焼き鉢がおすすめ。素焼きは表面に細かい穴がたくさんあり、通気性がよい。

**B**

花苗は**ラベル**をチェックして、性質や花がたくさん咲くかなどを確認した上で購入する。

## 植える前に、この3点をチェック

**Point 1** 初夏～秋は、雨や暑さに強く丈夫で育てやすい品種を選ぶのが特に大切

**Point 2** 季節感のある、鮮やかで元気が出る花色や花形の品種を選ぶ

**Point 3** 水切れしにくい対応や植え方を行う

## 植えてみよう

ハサミで鉢底穴よりも大きめに鉢底ネットを切り、鉢底に敷く。

深さ1/4まで鉢底石を入れる。

用土に肥料を規定量入れてよく混ぜる。

土入れ(大)で**2**の中に**3**を深さ1/2まで入れて、表面を平らにする。

苗を静かにポットから抜く。

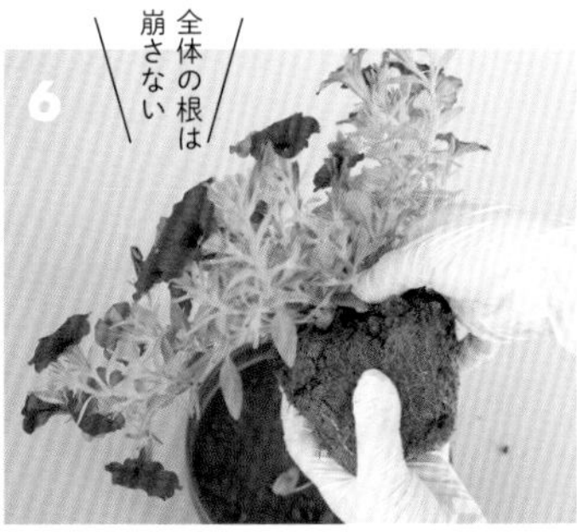


根鉢の上面を少し取り、下側は少しだけ軽くほぐす。

苗を仮置きして表情や向き、高さを確認する。

土入れで周囲から隙間に用土を足し入れる。

鉢の縁より2〜3cm低い高さになるように、土入れで用土を足し入れる。

箸で突いて鉢の中にしっかりと用土を詰める。

箸で突いたら、用土が詰まって少し足りなくなったように見える。

上から用土を足し入れ、表面を平らにして**9**と同じ高さにする。

鉢底穴から水が流れ出るまで、たっぷりと水やりする。

### よく育つ管理のコツ

日当たりと風通しのよい場所に置き、用土の表面が乾いたらたっぷりと水やりする。梅雨時期は雨が当たらない場所に置き、夏は西日が当たらないように気をつける。

# [初夏~秋] 花苗の育て方

お気に入りの花苗を植えつけたら、経過を見守りながら育てます。ここでは12ページで植えつけたペチュニアを4か月間、花を楽しみながら手入れをして大株に育てるまでを紹介します。肥料やりと切り戻しで大きく育ち方が変わります。

## 大きく育てるためのコツ

- Point 1 午前中に日が当たり、午後は西日が当たらない場所に置く
- Point 2 水やりは、用土が完全に乾く前にたっぷりと
- Point 3 肥料を切らさず、薄めの液肥を与える
- Point 4 花がらや傷んだ葉は取り除き、できるだけ暑くなる前に切り戻す

## 育ててみよう（ペチュニア“エポック パープル”の例）

肥料の量はパッケージを確認

### 植えつけ後の作業（5～6月）

咲き終わった花は、傷んで茶色くなる前に花のつけ根から切る。[週1回]

伸びすぎたり混み合った茎は、株元から3節くらい残してハサミで切り戻す。[この時期に1回]

株全体をチェックして、花が終わったものと混み合った茎を切り戻す。目安は写真くらいの量。[月1回]

鉢の用土に規定倍率よりやや薄めの液肥をたっぷりと与える。[切り戻したときに]

### 植えつけ1か月後の作業（6～7月）

咲き終わった花は、傷む前に花のつけ根から切る（花がら摘み。P.153参照）。[週1回]

伸びすぎたり混み合った茎は、株元から3節くらい残してハサミで切り戻す。[この時期に1回]

株全体をチェックして、花が終わったものと混み合った茎を切り戻す。目安は写真くらいの量。[月1回]

鉢の用土に規定倍率よりやや薄めの液肥をたっぷりと与える。[切り戻したときに]

### 植えつけ2か月後の作業（7～8月）

だんだん株が大きくなって花数もふえた。咲き終わった花があれば、傷んで茶色くなる前に茎のつけ根から切る。[週1回]

規定倍率よりやや薄めの液肥を鉢の用土にたっぷり与える。液肥はできるだけ花にかけない。

[月1～2回]

## 植えつけ3～4か月後の作業（8～9月）

咲き終わった花は、その都度、花のつけ根で切り、伸びすぎたり混み合った茎も、つけ根からハサミで切り戻す（切り戻し。P.153参照）。月1回

規定倍率よりやや薄めの液肥を鉢の用土にたっぷり与える。液肥はできるだけ、花にはかけない。
月1～2回

## “たっぷり咲き”までの流れ

ここで紹介する4種類は、初夏～秋の暑い時期でもよく育ち、のびのびと大きくなります。特に上段の2つは大きくなりやすいので、初心者にもおすすめです。

植えつけ 5月　→　2か月後 7月　→　3～4か月後 8～9月

こんなにたっぷり咲いた！

● ペチュニア“エポック パープル”

● コリウス“ゴリラ®シリーズ”

● エボルブルス“ブルーラグーン”

● スーパートレニア“カタリーナ ブルーリバー”

園芸店の活用術

たっぷり咲く！

# 園芸店で苗を見つけるポイント

植物が好きな人なら、育てやすくて、好きな花色や目を引く花形、そして花がたくさん咲く苗を選びたいものです。売り場にはサインやポップ、苗のラベルなど、苗選びに役立つ情報がいっぱいあります。活用して苗選びの参考にしましょう。

## こんな苗を選ぼう

まず、同じ花の苗を選ぶなら、よく育ってどっしりと重い、ポットの規格が大きいもののほうがよく育ちます。多くの園芸店では一般的に花苗は3号（直径9cm、1号＝3cm）～3.5号ポットが主流ですが、オザキフラワーパークでは、根がよく張って充実した苗や大きめの3.5号ポットの苗をおすすめしています。その中でも、つぼみが多くて葉がきれいな、節と節の間がぎゅっと詰まった苗を選びましょう。

**○ GOOD**（下写真・左）
- つぼみがたくさんある
- 葉がきれい
- 節が詰まっている

**✕ NG**（下写真・右）
- ヒョロヒョロと伸びている
- つぼみが少ない
- 入荷して時間が経っている印象

# 苗のラベルを見よう

苗についているラベルには、その苗に関する詳しい情報がぎっしり詰まっています。特にはじめて育てる植物や品種は、ラベルをよく読んでから購入しましょう。せっかく育てるなら、好きな花色で丈夫な、よく咲く品種を選びたいものです。珍しい花色や花形の品種を選び、ちょっと差がつく素敵な花を育ててみましょう。

ラベルはポットの縁に挿さっている。

**ラベルの表面**

植物名と品種名、「夏の暑さや乾きに強い」などの特徴、株幅がどのくらいまで育つかなどがわかる。

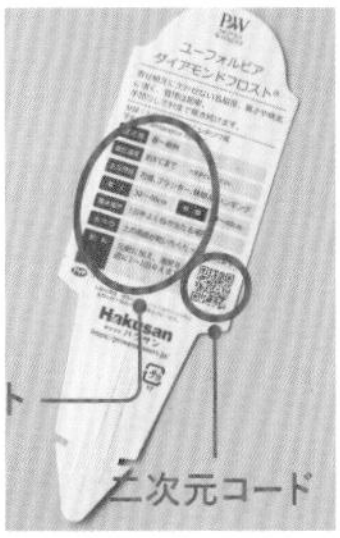


**ラベルの裏面**

開花期、どんな環境が好きか、水やりの目安、肥料の与え方など、育てるために必要な情報がいっぱい。二次元コードで詳しい育て方も見られる。

## 自分好みの苗を見つけるポイント

- **Point 1** 耐寒性、耐暑性などのある丈夫な品種
- **Point 2** たくさんの花が長く咲き続ける
- **Point 3** アンティークカラーなど、いままでにない花色
- **Point 4** 八重咲きやフリルなどのゴージャスな花形も取り入れよう

# 店内のポップを参考に

どこにどんな苗が置いてあるのか、また、実際に苗を選ぶ際には、どんな品種があり、それがどんな特徴をもつのかについても、売り場でポップを見ると参考になります。ポップには、その植物が育ちやすい栽培環境や基本的な性質のほか、「たくさんの花が長く咲く」「毎年リピーターが多い」などのスタッフの推しポイントがストレートに伝わる情報が入っています。苗選びにはポップを活用しましょう。

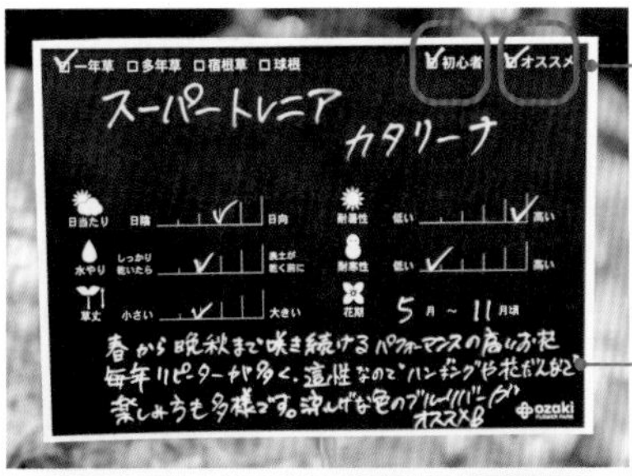


育て方や性質がパッと見てわかるように、「日当たり」や「水やり」などのアイコンにチェックが入っている。よく聞かれる項目や、「**初心者**」「**オススメ**」の項目など、だれでも気軽に苗を選べるような情報を紹介。

イチオシしている植物の魅力が伝わるような手書きの看板。**スタッフがオススメしている植物が何か直感的に伝わるように**、目を引くデザインで、自然に目に入る場所に設置。スタッフの推しポイントや伝えたい内容をよく確認しよう。

# 困ったときは、スタッフに

ポップやラベルを見て、いろいろな苗を比較しても決められないときやわからないことがあった場合は、経験豊富なスタッフに聞いてみるのもひとつの方法です。売り場の担当者はとても詳しい知識をもっているので、よいアドバイスをしてくれるでしょう。植え方や育て方、寄せ植えに詳しいスタッフもいるので、困ったり迷ったときには聞いてみましょう。

専門のスタッフが作った寄せ植え。添えられたポップで紹介されている、使った植物の種類を参考にしても。

知識が豊富なスタッフに聞くと、親切にアドバイスしてくれる。

今注目!
人気の草花
ベスト3

No.1

# パンジー、ビオラ

長期間楽しめて色彩豊富なおすすめ花苗

スミレ科スミレ属　一年草

**1〜3**：大きな花が目を引くパンジー。普及種はよく咲いてインパクトがある。左：右上はビオラ“$F_1$ペニー イエロージャンプアップ”、左下はビオラ“フィオリーナ レッドフレア”、右下はパンジー“絵になるスミレ マリーヌ”

秋から春までの長期間咲き続け、庭でも鉢植えでもよく咲きます。近年は特に育種が進み、花形も花色も変化に富んだ美しい品種が登場し、手軽に育てられることからとても人気があります。

近年はパンジー、ビオラともに交配や選抜が進み、区別がつきにくくなってきたため、おおまかには花の直径3cm以上のものがパンジー、それ以下のサイズのものがビオラと呼ばれています。

オザキ流 選び方

10月になるとさまざまな品種のポット苗が出回ります。とても種類が豊富なので、花を見て購入するのがおすすめです。できれば気温が下がった11月以降に、どっしりと重くて節が詰まり、株張りがよいものを選びます。

庭植え

鉢植え

耐寒性

丈夫

| | 1 | 2 | 3 | 4 | 5 | 6 | 7 | 8 | 9 | 10 | 11 | 12 |
|---|---|---|---|---|---|---|---|---|---|---|---|---|
| 開花期 | | | | | | | | | | | | |
| 置き場所 | | | 日なた | | | | | | | | 日なた | |
| 植えつけ・植え替え | | | | | | | | | | | | |
| 手入れ | | | 花がら摘み、施肥 | | | | | | | | 花がら摘み、施肥 | |

丈夫でよく咲き、春まで長期間、花を楽しめるビオラ。フリルなどがない、すっきりした花形でシンプルな普及種は特に花つきがよいので花壇や鉢植えにおすすめ。

人気の品種はコバルトブルーやアンティーク調のニュアンスカラーで、育種によっていままでになかった花色が登場しています。大輪や中輪でフリルが多い品種も人気です。1株でも花色が変わる品種のほか、花が小さくても抜群の多花性を誇り、鉢植えやハンギングバスケットに向くものもあります。用途に合わせて品種を選びましょう。

オザキ流育て方 日当たりを好むので、よく日が当たる場所で育てることが大切です。日当たりさえよければ、多少寒くても元気に咲き続けます。反対に、日当たりが悪いと花数が減ってしまいます。冬は午前中の暖かくなってきた時間帯に、用土が乾いたら水切れしないようにたっぷりと水やりします。花に水がかかると傷むことがあるため、株元に与えるように気をつけます。肥料は植えつけるときに、用土に緩効性化成肥料を混ぜておきます。開花中は月に1回、液肥を与えると連続して開花します。春にアブラムシがついたら、適用のある殺虫剤で防除しましょう。多少は霜にあたっても大丈夫ですが、腐葉土や霜よけシートなどで霜よけをしてあげると、株が傷まずに楽しめます。

オススメ New 新品種

1

2

3

4

1：中輪で澄み切ったブルーのグラデーションが美しい“**シエルブリエ**”　2：大きめの中輪で、温かみのある黄色が人気の　“**よく咲くスミレ レモネード**”　3：目を引くニュアンスカラーで、濃淡の色幅がある“**華あられ**”　4：とても花つきがよく、ブルーのグラデーションと微妙な濃淡が魅力の“**よく咲くスミレ ソーダ**”

1

2

3

4

5

6

1：虹のように美しい花色がある“**江原交配ビオラワールド**”　2：フリルがあるゴージャスな八重咲きでアンティークカラーの“**ローブドゥアントワネット ソワレ**”　3：たっぷりのフリルで色幅がある“**パルムディレーヌ**”　4：寄せ植えや花壇で人気のチョコレート色、“**フロステッドチョコレート**”　5：花つきが抜群で、ハンギングバスケットにも向く“**フィオリーナ ベルベットゴールド**”　6：咲き始めは白で、咲き進むと青に変化する“**ひとつぶの涙**”

**今注目!**
人気の草花
ベスト3

**No.2**

# ガーデンシクラメン

## 近年育種が大きく進み、花形や花色がふえている

サクラソウ科シクラメン属　多年草（球根）

いろいろなガーデンシクラメンを組み合わせて寄せ植えにしても

**1**：小さな丸い花弁が二色咲きで、シルバーリーフともよく似合う“**オリガミ**”　**2**：連続開花性があり、香水のようなよい香りがする“**アブソリュドゥモレル**”

晩秋から春まで長く咲き続ける、代表的な冬の花のひとつです。凍結しない場所なら庭でも鉢植えでも育てられます。特に近年は育種が進み、基本的な一重咲き以外にも八重咲きやフリル咲きが登場し、紫色や黄緑色などの珍しい花色や二色咲きが注目されています。

葉の色や模様にもバリエーションがあり、鮮やかな花色に映えるシックなシルバーの模様が入っているものが人気です。花つきの開花株は、葉と花のバランスも楽しめます。

**オザキ流 選び方**　10月になると花つきのポット苗や開花鉢が出回ります。株元を見て、球根が少し土から見えて葉の本数が多く、つぼみがたくさんついているものがおすすめです。できるだけ下葉が黄色くなっていないものを選びます。

庭植え　鉢植え　環境・植え方に注意

| | 1 | 2 | 3 | 4 | 5 | 6 | 7 | 8 | 9 | 10 | 11 | 12 |
|---|---|---|---|---|---|---|---|---|---|---|---|---|
| 開花期 | | | | | | | | | | | | |
| 置き場所 | | 日なた | | | | | 半日陰 | | | | 日なた | |
| 植えつけ・植え替え | | | | | | | | | | | | |
| 手入れ | | 花がら摘み | | | | | | | | | 花がら摘み | |

**1**：クレヨンで描いたような筋とグラデーションが入る“**クレヨン バイオレット**”　**2**：くすんだ濃いアプリコットピンクで、細かいフリルが入る“**森の妖精 アンティーク**”　**3**：花弁が丸い八重咲きで、妖精が飛んでいるような花形の“**フェアリーピコ**”

青みが強い紫や、黄色を帯びたクリーム色、くるっと丸まった花弁や二色咲きが人気です。フリルが入った花弁もエレガントで、特に近年は八重咲きも登場しているので、好みに合った花を選ぶとよいでしょう。

**オザキ流 育て方** 日中によく日が当たり、凍結しない場所で育てます。無加温の室内で、日当たりのよい窓辺でもよいでしょう。

冬は午前中の暖かくなってきた時間帯に、用土の表面が乾いたらたっぷりと水やりします。花に水がかかると傷むので、株元の用土に与えるように気をつけます。開花中は2週間に1度、薄めた液肥を与えます。咲き終わった花は茎ごとねじるように引くときれいに外れるだけでなく、切り口からの菌の侵入を防げます。夏は水やりを控え、涼しく過ごさせて、秋に植え替えてから水やりを開始します。

1：ぽってりした丸い花弁で、白とピンクの二色咲きがかわいい“**プリンセスドレス**” 2：フリルが入る中輪で、黄緑色が人気の “**森の妖精**” 3：淡いピンクの濃淡で、弁端に緑色が入る “**グリーンティアラ**” 4：鮮やかな赤色で、くるっと丸くなった花弁が特徴の“**カール**”

1：濃いピンクと白の二色咲きで可憐な花の“**ジョーカー**” 2：ゴージャスなフリルで透明感のあるピンクの“**スワンピンク**” 3：フリルがたっぷりで黄色っぽいクリーム色の “**スワングリーン**” 4：神秘的な青みを帯びた紫色の花が魅力の“**ブルージュエリー**” 5：フリルたっぷりでややクリームがかった白い花“**バニラホワイト**” 6：泳いでいる金魚を連想させる横向き咲きの“**きんぎょ**”

今注目!
人気の草花
ベスト3
No.3

# ハボタン、ケール

## バラエティーの豊富さと組み合わせやすさが抜群

アブラナ科アブラナ属　多年草

いろいろな葉色や葉形のハボタンの仲間を寄せ植えに。隣にテイストの違う品種を配置するとまとまりやすい

キャベツの仲間を観賞用に育種したものがハボタンです。寒くなって低温に当たると中心部分から白や紫、紅色などに変化し、バラのような華やかな印象になります。丸い葉がかわいい丸葉系、葉に細かい縮れがあるちりめん系、葉に深い切れ込みが入る切れ葉系などの系統があります。紫キャベツを観賞用に育種したものや、同じキャベツの仲間で、青汁の原料になるケールをシックな葉色に育種したものも、人気があります。

オザキ流 選び方　11月になると寒さに当たって美しく発色したポット苗が流通します。鮮やかに発色し、根がよく張って節間が詰まり、どっしりとした苗を選びます。下葉が黄色くなったものや、害虫に食害されたものは避けましょう。

庭植え
鉢植え
耐寒性
丈夫

| | 1 | 2 | 3 | 4 | 5 | 6 | 7 | 8 | 9 | 10 | 11 | 12 |
|---|---|---|---|---|---|---|---|---|---|---|---|---|
| 観賞期 | | | | | | | | | | | | |
| 置き場所 | | 日なた | | | | | | | | | 日なた | |
| 植えつけ・植え替え | | | | | | | | | | | | |
| 手入れ | 傷んだ葉取り | | | 花茎切り | | | | | | | | |

1：中心が明るいピンクで葉脈も色づいて華やかな“ウォーターリリー”
2：シルバーを帯びたシックな紫色の観賞用キャベツ“ガーデンルビー”
3：1ポットに数株が入った華やかな“ヴィンテージブーケ”

1
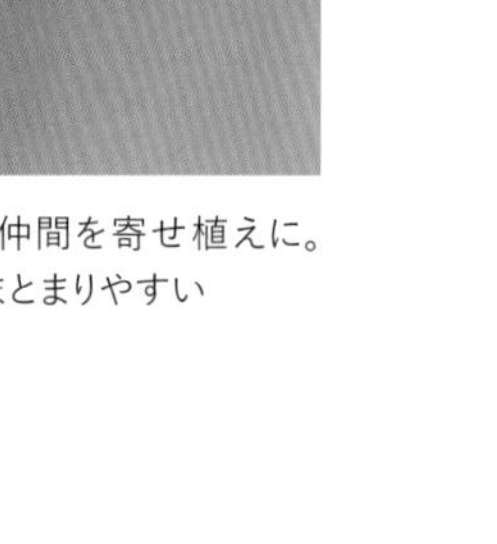

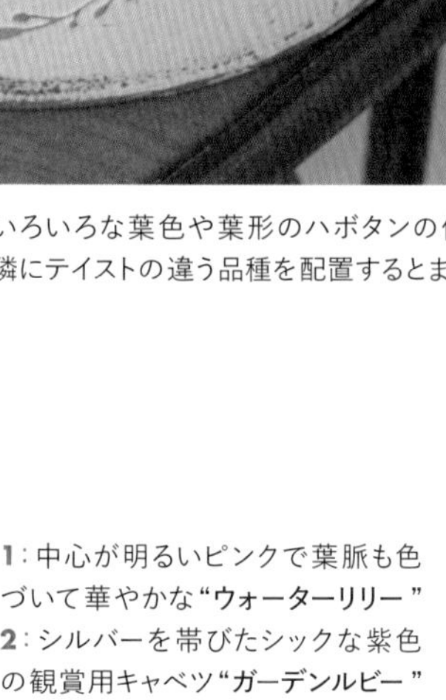

3

2

オススメ New 新品種

パンジーやビオラにも合わせやすいため、シックでおしゃれな紫キャベツ系やケールが人気です。中型や小型の丸葉系や、中心部がピンクや白に染まって見応えがあるタイプは、寄せ植えや花壇に調和しやすいです。特にシルバーや紫色は、モダンな洋風の建物にも似合うので、庭や鉢植えをおしゃれな印象にしたい場合におすすめです。

オザキ流育て方 根鉢は崩さずに植えつけます。よく日が当たる場所に植えないと、葉色が冴えなくなるので気をつけましょう。霜や強い北風が苦手です。水やりは用土が乾いたらたっぷりと与えます。発色がよくなるのは11月からです。発色した株は、春が近くなるまでほとんど大きさが変わりません。10月以降に肥料を与えると、葉色がくすんで発色が悪くなるので与えないようにしましょう。植え替える際にも元肥は不要です。春になるとアブラムシがつきやすくなります。発生したら、適用がある殺虫剤を散布します。

**1**：中輪で中心部が白く、赤い筋が目を引く、ハボタン**"光子 トワイライト"** **2**：深い切れ込みが入る紫色の葉が人気、 フリンジケール**"ロッソ"** **3**：シルバーを帯びた紫色のハボタン**"チタニウムシルバー "** **4**：**"ウォーターリリー "**は個体によって、発色に濃淡の差が出る

**1**：光沢がある美しい葉で、中心部が濃い紫色のハボタン、**"光子 ロイヤル"** **2**：アンティークカラーが上品で、大きなバラの花のようなハボタン**"百恵"** **3**：小ぶりな丸葉で、葉に光沢がある**"プラチナケール"** **4**：濃い紫で深い切れ込みが入るハボタン、**"光子 プレミアム"**

Column①

## ちょっと変わった
# カラーリーフプランツ

葉色や形だけ見てもおもしろい、ちょっと変わった植物たち。寄せ植えや花壇のアクセントにもなります。

クッションブッシュ

細いシルバーリーフでサンゴのような姿。秋から冬の草花の寄せ植えと相性がよい。

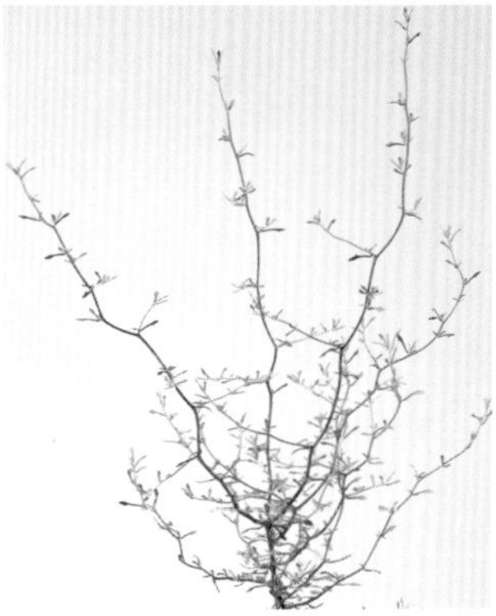

コロキア“コトネアスター”

繊細なシルバーグレーの小さな葉で、小刻みに曲がる枝もユニーク。寄せ植えに変化が出る。

ロニセラ ニティダ“エミーゴールド”

ライムグリーンの葉がきれいな、這うようにふんわりと広がる低木。明るい葉がポイントになる。

ヒメツルニチニチソウ“イルミネーション”

中心が明るいレモンイエローで、黄緑色の縁がある。這うように広がるので、グラウンドカバーにも。

アカエナ“パープレア”

小さな葉でシルバーがかった深い紫色。寒さに少し当たると、さらにきれいな紫色に色づく。

斑入りセリ“フラミンゴ”

セリとは思えない、ピンクの斑入りの葉。日陰を好み、カラフルな葉色が美しい。

コキア

細かくて明るい緑色の葉がモコモコとしたトピアリー状にまとまって育つ。秋になると真っ赤に紅葉する。

ワイヤープランツ

丸い葉で、茎がワイヤーのように丸くて強い。1株だけを小さな鉢に植えてインテリア風に楽しんでも素敵。

Part 2

# 早春〜春に咲く花

主に**3**〜**5月**に開花し、見頃を迎える花を紹介します。

パンジーやビオラは、ハンギングバスケットに植えるのもおすすめ。花数が多くて広がるタイプの品種を選ぶとよい。

# クリスマスローズ

丈夫で半日陰でも育つ人気の花

キンポウゲ科ヘレボルス属　多年草

1：原種を交配した華やかな花色の園芸品種“氷の薔薇”　2：草丈が伸びる原種のフェチダス
3：丈夫でよく育つオリエンタリス系の園芸種　4：原種のニゲルの斑入りの葉の選抜種

花が少ない冬から春に長期間咲き続けます。育種が進み、花色や花形、花弁の数もバラエティーに富んでいます。寒さには強いですが、夏の高温多湿が苦手です。半日陰でも育つため、庭のちょっとしたスペースを美しく彩ります。

茎が立ち上がって伸びるフェチダス、アウグチフォリウス、リビダスなどの原種とその交配種がありますが、流通する大半は葉が地際から伸びるニゲルやオリエンタリス系などの無茎種の交配種です。

オザキ流選び方

未開花の小さなポット苗は安価ですが、そのまま庭に植えると咲くまでに時間がかかり、開花するまでに数年を要することがあります。また、園芸品種は花色や花形の変異が大きいため、開花株の花を確認してから購入するのがおすすめです。とても丈夫で翌年以降もよく咲くので、気に入った花を選びましょう。

鉢植え
庭植え
耐寒性
丈夫

| | 1 | 2 | 3 | 4 | 5 | 6 | 7 | 8 | 9 | 10 | 11 | 12 |
|---|---|---|---|---|---|---|---|---|---|---|---|---|
| 開花期 | ■ | ■ | ■ | ■ | | | | | | | | |
| 置き場所 | 日なた | | | | 半日陰 | | | | | 日なた | | |
| 植えつけ・植え替え | | | | | | | | | | | | |
| 手入れ | | | | | | | | | | 株分け | | 古葉切り |

以前はくすんだ小豆色やベージュで一重咲きの交配種が主流でしたが、育種が盛んに行われて、明るいピンクやアプリコット色、グラデーションが入った花色などで豪華な八重咲きや半八重咲きの株がふえてきました。もうひとつの潮流としては、原種を親株にしてシックな花色を目指したり、小さい花とコンパクトな草丈の品種の作出も注目されています。

オザキ流 育て方 5月中旬から10月中旬は、もっとも苦手な高温多湿の休眠期です。午前中2～3時間日が当たる風通しのよい半日陰に置き、水は控えめに与えます。休眠が明ける10月になったら西日が当たらない日なたに置き、水は用土が乾いたらたっぷりと与え、過湿にならないように気をつけます。

肥料は10月中旬～11月に、株元から少し離れたところを少し掘って、用土に浅く埋めて与えます。休眠期は肥料を吸収しないため、長期間効く肥料は休眠前に取り除きます。12月に古い葉をつけ根から切り取り、新しい花芽が伸びやすくします。根がよく伸びるので、鉢植えは2年に1回植え替え、庭植えは5年に1回株分けするとよいでしょう。

1：グラデーションが美しい、八重咲きの交配種
2：コンパクトな株に小輪の花が咲く園芸品種“プチドール”

1：クリスマスローズには珍しい黄金色の花で、半八重咲きの交配種 2：フリルがあるゴージャスな八重咲きで、中心部や外側の花弁に黄緑色が入る交配種 3：コンパクトなクリスマスローズ“プチドール”を同じ時期に咲く原種シクラメンや山野草のバイカオウレンと寄せ植えにして、手前にコケを張っている 4：いろいろなクリスマスローズの花を水に浮かべた水盤。通常はうつむいて咲く花がよく見えるので、おすすめしたい楽しみ方

# プリムラ

早春からカラフルに咲き続ける

サクラソウ科サクラソウ属　多年草（一年草扱いの種類も）

鮮やかなグラデーションの入ったプリムラ ジュリアン“初恋ブルー”

冬から開花苗が流通するマラコイデス、ロゼット状の株の中央に低く花が集まって咲くジュリアンとポリアンサ、豪華で大きめの花が美しいオブコニカなどの系統があります。いずれも開花期間が長く、育種が進んで新しい花色や花形が作出されています。寒さには強いですが、夏の高温多湿が苦手です。マラコイデスは小花が段々に咲き上がる、かわいらしい印象の一年草です。ジュリアンとポリアンサは耐寒性に優れ、庭や花壇で活躍します。オブコニカは寒さにやや弱いので、室内の窓辺で育ててもよいでしょう。

オザキ流 選び方

12月から春にかけて、花やつぼみつきのポット苗が流通します。いずれも節が詰まってどっしりした苗で、葉が黄ばんでいないきれいなものを選びます。マラコイデスやオブコニカはつぼみつきの花茎が複数出ているもの、ジュリアンとポリアンサは中央につぼみの多いものを選びます。

鉢植え

庭植え

耐寒性

丈夫

| | 1 | 2 | 3 | 4 | 5 | 6 | 7 | 8 | 9 | 10 | 11 | 12 |
|---|---|---|---|---|---|---|---|---|---|---|---|---|
| 開花期 | | | | | | | | | | | | |
| 置き場所 | | | 日なた | | | | | 半日陰 | | | | 日なた |
| 植えつけ・植え替え | | | | | | | | | | | | |
| 手入れ | | 花がら摘み | | | | | | | | | | 花がら摘み |

1：ニュアンスカラーで白い縁取りがあるプリムラ　ジュリアン“プラネット”　2：ピンクや白の花が可憐で、寒さに強いプリムラ　マラコイデス　3：シックな紫の花がゴージャスに咲くプリムラ　オブコニカ“プリカント”

1

2

3

かつてはなかった青い花やライムグリーンの花が登場しているマラコイデス系をはじめ、バラ咲きのジュリアンに鮮やかな青紫色の花が作出されています。また、ピンクの縁取りでバラにそっくりな花が育種され、同じプリムラかと驚くようなバリエーションがあります。また、濃いダークブラウンのカラーリーフをもつ品種もあり、プリムラ同士を組み合わせても葉がアクセントになります。

1：ダークブラウンの葉にサーモンピンクの花が美しいプリムラ **"ジェシカ"**
2：いままでなかった青い花色のプリムラ　マラコイデス **"湖畔の夢"**

オザキ流 育て方 系統によって耐寒性が異なるので、性質に合った置き場所を選びます。基本的に開花中は日当たりのよい場所で育てます。オブコニカは室内の窓辺などで保護しますが、ほかは屋外で育てます。ジュリアンとポリアンサは多年草なので、夏の休眠期を涼しい半日陰で管理し、水やりは控えめにして蒸れを防ぎます。マラコイデスは一年草なので、花後は枯れます。

咲き終わった花をそのままにしておくと、カビが生えて病気の原因になります。こまめに花がらを取り除きましょう。水やりはできるだけ花にかけないように気をつけ、土が乾いたらたっぷりと与えます。肥料切れすると花数が減るので、開花中は月に2〜3回薄めた液肥を与えましょう。

1：花立ちのよさと淡いライムグリーンの花色が魅力のプリムラ **"ウィンティー ライムグリーン"** 2：フリルがあるゴージャスな八重咲きで宿根性がある青い花、プリムラ **"ベラリーナ バルチックブルー"** 3：花弁の縁がピンクでバラ咲きのプリムラ　ジュリアン **"ブライダルベル"** 4：星形の白い花が清楚なイメージのプリムラ **"スターフィーバー"** 5：いろいろな花色や花形のプリムラ　ジュリアンの寄せ植え。花のどこかに黄色の色みがあるものを組み合わせて、春らしいイメージに。

# ラナンキュラス

たくさんの花弁が重なり合う

キンポウゲ科キンポウゲ属　多年草（球根）

1 2
3 4

1：白い花弁の縁に濃いピンクの覆輪が映える**“小春びより バラエティバイオレット”**
2：花弁に光沢があり、グラデーションが入ったサーモンピンクで半八重咲きの**“ラックス アリアドネ”**
3：コンパクトな草丈で緑色のかわいい花がたくさん咲く**“レイネッテグリーン”**
4：小輪系でクシャクシャしたフリルがある赤い花**“ルージュ ルージュ”**

薄い花弁が重なり合ってコロンとした大きな花が咲き、切り花でも人気の花です。球根植物ですが、花やつぼみがついたポット苗を購入して植えつけるのが手軽でおすすめです。多くの種類は花後に掘り上げますが、ラックスシリーズは丈夫で宿根草と同じように庭でも育てられ、ワックスをかけたような光沢がある花弁とセロリのようなワサワサと伸びる葉が特徴です。花色もはっきりした白、ピンク、赤、黄の基本色以外に、グリーンや茶色、サーモンピンクや淡いニュアンスカラーなども登場しています。

オザキ流 選び方　12月から春にかけて、花やつぼみつきのポット苗が流通します。いずれも節が詰まってどっしりした苗でつぼみが多く、下葉が傷んでいないものを選びます。ラックスシリーズは開花鉢で流通することが多く、花色や花形に個性があるため、花を見てから気に入ったものを購入するのがおすすめです。

鉢植え
庭植え
耐寒性

| | 1 | 2 | 3 | 4 | 5 | 6 | 7 | 8 | 9 | 10 | 11 | 12 |
|---|---|---|---|---|---|---|---|---|---|---|---|---|
| 開花期 | | | | | | | | | | | | |
| 置き場所 | | | 日なた | | | | 半日陰 | | | | 日なた | |
| 植えつけ・植え替え | | | | | | | | | | | | |
| 手入れ | | | | | 掘り上げ | | | | | | | |

育種が進んで覆輪のあるタイプや淡い花色の品種のほか、中心部に緑色が入るタイプも人気があります。さらにラックスシリーズの登場で、花弁に光沢があり、グラデーションが入ったニュアンスカラーやゆるいフリルのある花形、半八重咲きなど、いままでのラナンキュラスになかった特徴がプラスされました。ラックスシリーズは、従来のラナンキュラスとは一線を画すほど、大きく進化したといってもよいでしょう。

**オザキ流 育て方** 日当たりのよい場所で育てます。鉢植えがおすすめですが、凍結しない環境なら花壇にも植えられます。水やりは、用土が乾いたらたっぷりと与えます。花に水をかけると、傷んだり花色が悪くなるので、株元の用土に水やりします。開花中に肥料切れすると下葉が黄色くなるので、10日〜2週間に1回は薄めた液肥を与えましょう。オーストラリア原産の多年草で、近年は花が大きな園芸種がふえています。育種が進み、以前は青紫色とピンク、白が主流でしたが、濃い青や淡い黄色、淡い紫色などのバリエーションが登場しています。小さくて繊細な葉も美しく、黄緑色の葉の品種もあります。主に花壇や鉢植え、寄せ植え向きですが、ハンギングバスケットなどにも活躍します。

1

2

1：深みがあるオレンジ色で豪華な花、**"綾リッチ オーシュ"** 2：光沢があるレモンイエローの**"ラックス ハリオス"**

1：淡いクリームイエローでフリルがエレガントな**"ラックス グレーシス"** 2：ふんわりとフリルが入るオレンジ色の**"ラックス ミノアン"**

1

2

1

2

3

4

1：大きな八重咲きで淡いアプリコットのニュアンスがある花が咲く**"ウピス"** 2：コンパクトな草丈で大きな八重咲きの花が咲く**"セレンディー"**
3：ふっくらしたピンクで多弁の**"綾リッチ アリエージュ"** 4：中心がグリーンで大輪の白い花、**"綾リッチ グランベル"**

# オステオスペルマム

## 花色や花形が豊富な春の花

キク科オステオスペルマム属　多年草

1　2
3　4

**1**：中輪で中心が紫色、外側にちょっとピンクが差す白の花、**“3Dブルーベリーシェイク”**　**2**：コンパクトな草丈で多花性、強健で花色豊富な**“アキラ グランドキャニオンミックス”**　**3**：白い清楚な一重咲きの花に黄色の覆輪が入った葉がよく似合う**“ザイール バリエガータ”**　**4**：花弁の先が筒状になってから開く、ユニークなスプーン咲きの**“スパイダーピンク”**

春の間、華やかな花が長く咲くことから、近年人気が出てきました。以前は白、ピンク、紫の花が中心でしたが、同じキク科のディモルフォセカとの交配で黄色やオレンジ色など、花色のバリエーションがふえて、さらに開花期も長くなっています。育種が進み、大輪の一重咲きが中心だった花形も、中輪で八重咲きや半八重咲き、スプーン咲きなどが登場して、寄せ植えや花壇の主役やアクセントとして注目される花になっています。

オザキ流 選び方

2〜3月に多くのポット苗が出回ります。花色や花形がとても豊富です。いずれも節が詰まって株元の分岐が多く、どっしりした苗でつぼみの多いものを選びます。ほかの花と組み合わせて植えることが多いので、周囲の花に合う花色を選ぶのがおすすめです。

鉢植え

庭植え

丈夫

| | 1 | 2 | 3 | 4 | 5 | 6 | 7 | 8 | 9 | 10 | 11 | 12 |
|---|---|---|---|---|---|---|---|---|---|---|---|---|
| 開花期 | | | | | | | | | | | | |
| 置き場所 | 軒下/室内 | | | 日なた | | | | 半日陰 | | 日なた | | 軒下/室内 |
| 植えつけ・植え替え | | | 植えつけ | | | 植え替え | | | | | | |
| 手入れ | | | | 花がら摘み | | 切り戻し | | | | | | |

花形では近年登場してきた八重咲きや半八重咲きが注目されています。従来の一重咲きと大きく印象が異なるため、これまでの艶やかな一重咲きが苦手だった人にも好まれるようになってきました。花色では遠くからでも目を引くはっきりした複色のほか、やわらかいアプリコット色やカフェオレのような茶色、アンティークな印象のあるニュアンスカラーの品種が多数作出されています。

**オザキ流 育て方** 日当たりのよい場所を好むため、開花中と秋は屋外の日なたで育てます。霜に当たると傷むため、冬は軒下に置くか霜よけをします。鉢植えなら、夜は無加温の室内に取り込んでもよいでしょう。

咲き終わった花をそのままにしておくと、カビが生えて病気の原因になります。こまめに花がらを取り除きましょう。花に水がかかると傷むことがあるため、水やりはできるだけ花にかけないように気をつけ、土が乾いたらたっぷりと与えます。肥料切れすると花数が減るので、開花中は月に2〜3回薄めた液肥を与えましょう。梅雨入り前に全体の1/3を切り戻し、ひと回り大きい鉢に植え替えます。夏は風通しがよい涼しい半日陰で管理し、西日が当たらないように気をつけ、水やりは控えめにして蒸れを防ぎます。

3

4

1：大輪の半八重咲きで開花期も長く、ニュアンスがあるピンク色の"**ラグール**" 2：明るいレモン色の花弁に赤紫色のリングがくっきりと入る"**ブルーアイビューティー**" 3：こんもりと株張りがよく、淡い桜色の"**セレニティ ロジータ**" 4：コンパクトでとても花つきがよい、スプーン咲きの"**サニー フィリップ**"



1：中心部が盛り上がる立体的な八重咲きで淡い黄色の"**ダリーナダブル エンリコ**" 2：強健で育てやすく、清楚な白い花の"**ひなのシンフォニー**" 3：連続開花性に優れた"**パティエ レモンフロート**" 4：四季咲き性が強くて強健な"**メロンシンフォニー**" 5：中心部がくすんだ八重咲きで花首が垂れにくい"**ダブルファン ゴールデン**" 6：アプリコットとピンクが混じり合う複雑な花色の"**ピンクレモネード**"

1

2

3

4

5

6

# ローダンセマム

マーガレットに似た小型の花

キク科ローダンセマム属　多年草

マーガレットを小さくしたような可憐な花が、春の間ずっと咲き続けます。コンパクトな草丈で、繊細なシルバーリーフとのバランスも美しく、花壇や寄せ植えに植えるとセンスのよい植栽になるのでおすすめです。マーガレットよりも耐寒性が高く、−10度くらいまで耐えられます。白やピンクの花で中心部がやや濃い黄色の花が主流でしたが、育種が進んで中心部が濃い茶色やオレンジ色の品種が登場しています。

花色では、かわいらしいパステルピンクで大輪の品種や、咲き始めは黄色でだんだん白くなる移り咲き、ニュアンスのあるアンティークイエロー、透明感のある淡いピンクなど、これまでになかった淡い色が人気です。常緑のシルバーリーフなので、花がない季節も葉を楽しめます。品種によって葉の質感や色が異なるため、花とのバランスを考えて選ぶとよいでしょう。

オザキ流 選び方

2〜3月に多くのポット苗が出回ります。節が詰まって株元の分岐が多く、どっしりした苗でつぼみの多いものを選びます。また、下葉を確認して葉が茶色く傷んでいないものを選びます。

オザキ流 育て方

日当たりと風通しのよい場所を好むため、開花中と秋は日なたで育てます。夏の蒸れが苦手なので、高温期は半日陰の軒下など、雨に当たらない場所に移動させます。用土は水はけのよいものを選びましょう。

咲き終わった花をそのままにしておくと、病気の原因になります。花がらは茎のつけ根からこまめに取り除きましょう。水やりはできるだけ花にかけないように気をつけ、土が乾いたらたっぷりと与えます。10〜11月と2〜5月に緩効性化成肥料を株元の用土に与えます。開花中は月に2〜3回薄めた液肥を与えましょう。梅雨入り前に全体の1/3を切り戻します。さらに9〜10月にも切り戻すとこんもりとした株に育ちます。

鉢植え　庭植え　耐寒性　丈夫

| | 1 | 2 | 3 | 4 | 5 | 6 | 7 | 8 | 9 | 10 | 11 | 12 |
| --- | --- | --- | --- | --- | --- | --- | --- | --- | --- | --- | --- | --- |
| 開花期 | | | | | | | | | | | | |
| 置き場所 | | | 日なた | | | | | 半日陰の軒下 | | | 日なた | |
| 植えつけ・植え替え | | | | | | | | | | | | |
| 手入れ | | | | 花がら摘み | | 切り戻し | | | 切り戻し | | | |

1：中心が茶褐色の白い花、雨でも花茎が倒れにくい“アフリカンアイズ” 2：コンパクトな草丈で大輪、パステルピンクが美しい“エルフピンク”

1：透き通るようなピンクで中心が茶色、繊細な葉の“タンジェ” 2：早春はアプリコットから白、暖かくなると黄色から白になる“ムーン” 3：大輪でアンティークイエローの“レトロクラッカー” 4：白い大輪で中心が黄色の“エルフ ホワイト”

# キンギョソウ

## ユニークな花形のカラフルな花

オオバコ科（旧ゴマノハグサ科）キンギョソウ属　多年草（一年草扱い）

1

2

1：斑入り葉だが冬は暗紫色になり、濃い紅色の花が咲く“**ダンシングクイーン**”　2：コンパクトで花壇に向き、華やかなバタフライ咲きの“**トゥイニー**”

1：不規則な斑入り葉で、寒さに当たると赤紫色を帯びる“**ブランルージュ**”。花は暗赤色　2：ほふく性で毛に覆われたシルバーリーフ、小さな白い花の “**アールグレイ**”　3：葉に不規則な斑が入り、淡いピンクの花がかわいい“**シュガーピーチ**”　4：くっきりした斑入り葉で茎が紫色、ワインレッドの花が咲く“**クレバータッチ**”

1

2

3

4

金魚が口を開いている姿を思わせるふっくらとした愛らしい花形です。切り花向きの1m以上に伸びる高性種からほふく性のある小型種まで、用途に合わせて種類を選べます。以前は金魚形の花が主流でしたが、近年はペンステモン咲きやバタフライ咲きと呼ばれる下弁が大きく開いた花形が登場し、豪華で目を引くことから人気があります。

育種が進み、花壇向きで高さ50～60㎝の中性種や、さらに草丈が低い小型種がふえ、中でも黒といってもよいほど濃い銅葉の品種はカラーリーフとしても見応えがあるため人気があります。また、斑入り葉の品種もふえ、散り斑や不規則な覆輪状になるものなどがあり、花の咲かない時期でも植栽のアクセントとして活用できます。

花色は白、黄、赤のほか、淡いピンクやレモンイエロー、ダークな紅色やアプリコットピンクなどもあります。

**オザキ流 選び方**　10月から春にかけて多くのポット苗が出回ります。花色や花形だけでなく、葉色も豊富です。茎が太くて節が詰まり、株元の分岐が多く、どっしりした苗でつぼみの多いものがよいでしょう。また、下葉を確認して黄色くなっていないものを選びます。

**オザキ流 育て方**　日当たりと水はけのよい場所を好みます。半日陰や水が溜まるような場所では花が咲きません。比較的乾燥には強いのですが、梅雨時期の蒸れに弱く、夏越しが難しいため、一年草として扱います。タネからも育てられますが、ポット苗を植えつけるのが育てやすくおすすめです。水やりは、根が活着する植えつけ後1週間～10日までは乾かさないように行い、その後は乾燥気味に管理します。

開花中は、こまめに花がらを取り除きましょう。株が大きくなって混み合うと病気になりやすいため、密になったら切り戻して風通しをよくします。植えつけ時に緩効性化成肥料を用土に混ぜ、月に1回薄めた液肥を与えます。

| | 1 | 2 | 3 | 4 | 5 | 6 | 7 | 8 | 9 | 10 | 11 | 12 |
|---|---|---|---|---|---|---|---|---|---|---|---|---|
| 開花期 | | | | | | | | | | | | |
| 置き場所 | | | 日なた | | | | | | | | 日なた | |
| 植えつけ・植え替え | | | | | | | | | | | | |
| 手入れ | | | | | 花がら摘み | | | | | 花がら摘み | | |

鉢植え　庭植え　耐寒性　丈夫

# アジュガ

半日陰のカバープランツ

シソ科キランソウ属　多年草

鉢植え　庭植え　耐寒性　丈夫

1

2

3

1：明るいブルーの花と黄緑色の葉が目を引く**“ライムブルー”** 2：暗紫色の葉が美しく、強健で育てやすいアジュガ レプタンス　3：複雑な数色の斑が入るユニークな葉色の**“ラテアート”**

| | 1 | 2 | 3 | 4 | 5 | 6 | 7 | 8 | 9 | 10 | 11 | 12 |
|---|---|---|---|---|---|---|---|---|---|---|---|---|
| 開花期 | | | | | | | | | | | | |
| 置き場所 | | 半日陰 | | | | | | | | | 半日陰 | |
| 植えつけ・植え替え | | | | | | | | | | | | |
| 手入れ | | | 花がら摘み | | | | | | | | 花がら摘み | |

日本に自生するジュウニヒトエの仲間で、多くはアジュガ レプタンスから作出された園芸品種です。横にランナーを出してマット状に広がって成長しますが、根が浅いところに伸びるため乾燥が苦手です。半日陰でもよく育ち、シェードガーデンのグラウンドカバーに向いています。春に花茎を立ち上げて青紫色やピンクなどの花をたくさん咲かせます。葉色は、暗紫色のほか、カラフルな斑入り種や黄緑色の品種もあります。

オザキ流 選び方　通年出回りますが、春に多くのポット苗が出回ります。葉色と葉形、花色とのバランスを見て、購入するのがおすすめです。寄せ植えのカラーリーフとして組み合わせるのもおすすめです。

オザキ流 育て方　水はけがよい半日陰を好み、鉢植えや花壇では用土が乾いたらたっぷりと水やりします。育てているとランナーが伸びた先に移動して、植えた場所が枯れることがあります。秋に株分けして移植します。

# ディモルフォセカ

大型で輝くような花

キク科ディモルフォセカ属　一年草

庭植え　鉢植え　環境・植え方に注意

黄色やオレンジ色の大輪で、春に輝くような華やかな花が咲く一年草です。開花期が長く、花壇や寄せ植えのアクセントに向いています。夜間や悪天候の日は花を閉じているのが特徴です。よく似ている近縁のオステオスペルマムは、多年草として扱われています。高温多湿が苦手なため、梅雨の蒸れで傷んで枯れてしまいます。また、開花中に雨に当たるとその花が枯れるので、明るい軒下に移動させるとよいでしょう。

オザキ流 選び方　2月頃から多くのポット苗が出回るので、入手して植えつけます。株元がぐらつかず、葉の緑色が濃くてきれいなものを選びます。株の中心につぼみがたくさんついているものがおすすめです。

1

2

大輪で次々と花が咲き、花壇やハンギングバスケットにも向く。 1：**“おひさまのマーチ イエロー”** 2：**“おひさまのマーチ オレンジ”**

オザキ流 育て方　日当たりがよい場所を好みます。過湿が苦手なので、水はけのよい用土で植えつけます。咲き終わった花をこまめに摘むと、開花期が長くなります。乾燥気味に育て、水やりは花にかからないように注意します。

| | 1 | 2 | 3 | 4 | 5 | 6 | 7 | 8 | 9 | 10 | 11 | 12 |
|---|---|---|---|---|---|---|---|---|---|---|---|---|
| 開花期 | | | | | | | | | | | | |
| 置き場所 | | | 日なた | | | | | | | | | |
| 植えつけ・植え替え | | | | | | | | | | | | |
| 手入れ | | | | 花がら摘み | | | | | | | | |

# ネモフィラ

## 青空を写し取った花色が人気の花

ムラサキ科ネモフィラ属　一年草

1：インシグニスとも呼ばれる代表種、ネモフィラ　メンジェシー
2：やや小輪で黒に近い暗紫色に白い覆輪がある**“ペニーブラック”**

だれにでも好かれる、青空のようなブルーの花が魅力です。広いスペースに一面に咲いたネモフィラは、なんともいえない美しさがあります。定番で人気が高いのはネモフィラ メンジェシーで、花の中心の白い部分がアクセントになっています。暗紫色の品種は、花壇や寄せ植えのポイントになります。また、白花種や花弁に小さな点が入る品種もきれいです。

近年登場してきたシルバーリーフのネモフィラは、光沢のある輝くシルバーの葉が珍しく、注目されています。葉がシルバーの草花は茎もシルバーの場合が多いですが、現在のシルバーリーフのネモフィラは茎が鮮やかな緑なのもユニークです。花色はメンジェシーと同じブルーのほか、ラベンダーカラーや白などの品種も登場しています。

**オザキ流 選び方**　2～3月に多くのポット苗が出回ります。茎が太くて節が詰まり、株元の分岐が多く、充実したつぼみの多い苗を選びます。間延びしてひょろひょろしたものはうまく育たないことがあります。また、下葉を確認して黄色く傷んでいないものを選びます。

**オザキ流 育て方**　日当たりのよい場所を好むため、屋外の日なたで育てます。霜に当たると傷むので、早く苗を入手したら軒下に置いたり霜よけをします。鉢植えなら、夜は無加温の室内に取り込んでもよいでしょう。

移植を嫌うため、ポット苗を植えつけるときはていねいに抜き、根鉢を崩さずにひと回り大きな植え穴を掘って植えつけます。過湿にすると根腐れを起こすので、用土は水はけのよいものを使い、乾いてからたっぷりと水やりします。花壇や庭植えでは、日当たりさえよければ肥料は不要です。肥料を与えすぎると徒長して軟弱に育つので気をつけます。風通しが悪いと病気になりやすいため、密に育ったら間引きます。

1：上品な淡い紫色の花が魅力の**“パープル”** 2：花弁の先に濃い青のブロッチが入るネモフィラ　マクラータ 3：輝くようなシルバーリーフに青い花が映える**“プラチナスカイ”** 4：白い花に小さな斑点が入る**“スノーストーム”**

| | 1 | 2 | 3 | 4 | 5 | 6 | 7 | 8 | 9 | 10 | 11 | 12 |
|---|---|---|---|---|---|---|---|---|---|---|---|---|
| 開花期 | | | | | | | | | | | | |
| 置き場所 | | | 日なた | | | | | | | | | |
| 植えつけ・植え替え | | | | | | | | | | | | |
| 手入れ | | | 花がら摘み | | | | | | | | | |

鉢植え　庭植え　環境・植え方に注意

# ブラキカム

繊細な花弁と細い葉が美しい

キク科ヒメコスモス属　多年草（一年草扱いもあり）

**1**：澄んだ青紫色の花が美しい“**ブラスコ バイオレット**” **2**：明るい黄緑色の葉に淡い藤色の花が似合う“**ゴールドマット**”

育種が進み、花の大きさや美しさだけでなく、より強健で育てやすくなってきました。元々は根が過湿にも乾燥にも弱いため、日本ではやや育てにくく、宿根しにくかったのですが、現在流通している品種は、夏に半日陰で涼しく管理できれば翌年も花を楽しめます。冬は霜が強く当たる環境では、無加湿の室内か玄関などに取り込むとよいでしょう。

オザキ流 選び方　11月から春にかけて流通しますが、2〜4月に多くのポット苗と開花鉢が出回ります。好きな花色や葉色の品種を見つけてポット苗を購入するのがおすすめです。節が詰まって株元の分岐が多く、どっしりした苗でつぼみの多いものを選びます。茎が徒長しているものは避けます。

オザキ流 育て方　日当たりのよい場所を好むため、開花中と秋は屋外の日なたで育てます。霜に当たると傷むため、冬は軒下に置くか霜よけをします。鉢植えなら、夜は無加温の室内に取り込んでもよいでしょう。夏は風通しがよい涼しい半日陰で管理し、西日が当たらないように気をつけ、水やりは控えめにして蒸れを防ぎます。夏に水切れすると回復しないことがあるため、用土が乾いたらたっぷりと水やりします。開花中はこまめに花がらを摘み、土が乾いたらたっぷりと水を与えます。肥料切れすると花数が減るので、開花中は月に2〜3回薄めた液肥を与えましょう。梅雨入り前に全体の1/2を切り戻し、夏の間は開花を休ませます。

鉢植え

庭植え

耐寒性

丈夫

| | 1 | 2 | 3 | 4 | 5 | 6 | 7 | 8 | 9 | 10 | 11 | 12 |
|---|---|---|---|---|---|---|---|---|---|---|---|---|
| 開花期 | | | | | | | | | | | | |
| 置き場所 | | | 日なた | | | | | 半日陰 | | | 日なた | |
| 植えつけ・植え替え | | | | | | | | | | | | |
| 手入れ | | | 株分け | | 切り戻し | | | | | | | |

**1**：ピンクの花がたくさん咲く“**パシフィックアイランド**” **2**：白い花がたくさん咲く、ブラキカムの白花種 **3**：赤紫色の細い茎に繊細な葉がつく小型種“**パープルステム**” **4**：濃い青紫色の花にライムグリーンの葉が映える“**ブルースター** ”

# スイセン

## まだ寒い頃に芳しく咲く花

ヒガンバナ科スイセン属　多年草（球根）

早春の寒い頃から咲き始める球根植物です。秋植え球根として秋に販売されるのが主流でしたが、近年は年明けから春に流通する芽出し苗やつぼみつきの鉢花がふえています。

鉢花で人気なのは、古くから親しまれているニホンスイセンで、丈夫で毎年咲くので手間がかかりません。園芸種では、小型でミニスイセンとも呼ばれる“ティタティタ”、大輪でラッパ咲きの“アイスフォーリス”などは丈夫でよく咲き、見栄えがします。

花形ではバタフライ咲きと呼ばれる、中心部のカップが大きく広がって蝶のように見えるユニークなタイプも作出されています。原種のカンタブリクスやバルボコディウムなどのペチコート咲きと呼ばれる可憐な花形もあります。また、全草に毒があるため、ニラなどと間違えて食べないように注意しましょう。

オザキ流 選び方

11月から春にかけて流通しますが、2～3月にポットに入った芽出し苗やつぼみつきの開花鉢が出回ります。ただし、珍しい園芸品種を入手したい場合は、秋に球根を購入するほうが確実です。鉢花や芽出し苗を購入するなら、茎が太くてどっしりした苗でつぼみの多いものを選びます。

1：2～3月に開花し、純白で強い芳香がある房咲きの“ペーパーホワイト” 2：淡い黄色のカップにレモン色の花弁が反り返る小型の“エンジェルウィスパー” 3：クリーム色の外弁に淡い黄色のカップ咲き、“アイスフォーリス” 4：白くて小さな原種スイセン、カンタブリクス モノフィラス

1：小型で黄色のすっきりとした花形。とても丈夫でよく咲く“ティタティタ” 2：地域によっては12月から開花する、芳香がある房咲きのニホンスイセン

オザキ流 育て方

球根を植えるなら、10～11月に水はけと日当たりのよい場所に植えます。寒さには強く、冬でも特に防寒せずに育てられます。

根張りがよく、地上部があまり伸びていなくても根は活発に伸びるため、冬の間も用土が乾いたらたっぷりと水やりします。

開花後、タネをつける前に花がらを切り、ときどき液肥を与えて葉が茶色くなるまで育てると球根が充実します。球根が肥大しないと、翌年は花が咲きません。2～3年に1度は6月に葉が枯れたら球根を掘り上げ、日陰で乾かして冷暗所に保存し秋に植えつけます。根が伸びるため、鉢は深鉢を選びます。

| | 1 | 2 | 3 | 4 | 5 | 6 | 7 | 8 | 9 | 10 | 11 | 12 |
|---|---|---|---|---|---|---|---|---|---|---|---|---|
| 開花期 | | | | | | | | | | | | |
| 置き場所 | | | 日なた | | | | | 半日陰 | | | 日なた | |
| 植えつけ・植え替え | | | | | | | | | | | | |
| 手入れ | | 花がら摘み | | | | | 掘り上げ(2～3年に1度) | | | | | 花がら摘み |

鉢植え
庭植え
耐寒性
丈夫
環境・植え方に注意

# ムスカリ

小さなブドウのような花

キジカクシ科ムスカリ属　多年草（球根）

1

2

**1**：大きな花穂で草丈はコンパクト。長期間に何度も花が咲く、アルメニアカム**“ビッグスマイル”**
**2**：さわやかで透明感のあるライトブルーの花が美しい**“アクアマジック”**

ブドウの房を小さくしたように見えるかわいい花を咲かせます。人気なのは濃いブルーの花を咲かせるアルメニアカムで、丈夫で育てやすく、だれにでも愛される花色の定番の品種です。花壇の前面や寄せ植えにも向き、庭に植えるなら複数の株をまとめて植えると見応えがあり、花のかわいらしさが引き立ちます。パンジーやビオラなど、同時期に咲く草花との組み合わせもおすすめです。

花色では、濃い青紫色やペールブルー、花穂の上下で色が違う二色咲きのほか、淡いピンク色の花や淡い黄緑色の花が咲く園芸品種などが登場しています。花形ではひと回り大きな花穂の大型種や、小さな花が八重咲きになる品種、羽毛のような花が咲くタイプもあります。いずれも数株をまとめて植えると魅力が伝わりやすく、庭ならグラウンドカバーにも利用できます。

オザキ流 選び方

球根は9月から流通しますが、2〜3月に多くのポット苗が出回ります。花色や花形が豊富なので、はじめて育てるならポット苗を購入するのが手軽でおすすめです。葉が伸びすぎていない、つぼみの多いものを選びます。また、葉色がきれいなものを選びます。

オザキ流 育て方

球根を植えつけるなら、10〜11月に水はけのよい用土を使って日当たりのよい場所に植えます。寒さには強く、冬は特に防寒せずに屋外で育てられます。庭植えでは、植えつけ後はほとんど水やりの心配はなく、鉢植えは用土が乾いたらたっぷりと与えます。ただし、つぼみが見えてからは水切れしないように気をつけます。ほとんど手間がかかりませんが、花後に花茎を切って液肥を1か月に2〜3回与えると球根が充実し、翌年の花数がふえます。初夏に葉が枯れた後は水やりの必要はありません。3年に1度は6月に葉が枯れたら球根を掘り上げ、日陰でよく乾かして冷暗所に保存します。秋になったら再度植えつけます。

鉢植え　庭植え　耐寒性　丈夫

| | 1 | 2 | 3 | 4 | 5 | 6 | 7 | 8 | 9 | 10 | 11 | 12 |
|---|---|---|---|---|---|---|---|---|---|---|---|---|
| 開花期 | | | | | | | | | | | | |
| 置き場所 | | | 日なた | | | | | 半日陰の軒下 | | | 日なた | |
| 植えつけ・植え替え | | | | | | | | | | | | |
| 手入れ | | | | 花がら摘み | | 掘り上げ（3年に1回） | | | | | | |

1

2

3

4

**1**：上が白色で下がスカイブルーの二色咲きになる**“マウンテンレディー”** **2**：暗紫色の小花にくっきりと白い縁が入る**“ナイトアイズ”** **3**：白花のムスカリの中でも花つきがよく、見応えがある**“ホワイトマジック”** **4**：青〜白のグラデーションで、小花が半八重咲きになる**“ダブルマジック”**

# チューリップ

春らしく色鮮やかな花

ユリ科チューリップ属　多年草（球根）

1：すっきりとした一重咲きで鮮やかな赤色、花もちがよい“スーパースター”　2：チューリップらしいレモンイエローの一重咲きでよく咲く“ハーベストムーン”

チューリップの鉢植えが並ぶ華やかな春の店内。寒さには強いので、そのまま数鉢を並べてディスプレイすると、すてきなコーナーに。チューリップの鉢植えを庭のポイントにするのもひとつのアイデア

ふっくらとした愛らしい花形とカラフルで鮮やかな花色で、春に咲く球根の花の中でも人気があり、広く親しまれています。開花期によって、早生（3月下旬～4月上旬）、中生（4月中旬～下旬）、晩生（4月下旬～5月上旬）と原種系の4つに分けられ、さらに花形と草姿などによる15系統があります。主な系統は、一重咲き、八重咲き、フリンジ咲き、ユリ咲き、パーロット咲きなどです。

花色では、基本の赤、白、黄、ピンク、オレンジのほか、白に緑が混じる複色や淡い紫、黒に近い暗紫色などもあります。原種系には、花弁の中心に濃い青紫色が入る複色の種類もあり、チューリップ愛好家に人気があります。近年はポットや鉢に球根を植えつけ寒さにあわせて、冬と錯覚させて開花を早める冷蔵チューリップが登場し、気温が低い時期に長く咲くことから人気があります。

**オザキ流 選び方**　球根は9月から年末にかけて流通し、2～3月にポットに植えて芽やつぼみがついた芽出し苗が出回ります。珍しい園芸品種を入手したいなら秋に球根を入手して植えつけたほうが確実ですが、手軽に楽しむなら芽出し苗がおすすめです。冷蔵芽出し苗は11月、冷蔵開花鉢は2月頃流通します。

**オザキ流 育て方**　球根は、10～11月に水はけのよい用土を使って日当たりのよい場所に植えつけます。12月に植えても花は咲きますが、適期に植えたほうがよく根を張り、大きく充実した花が咲きます。寒さにあわないと開花しないため、屋外で育てます。年内は地上部がないため、水やりを忘れがちですが、用土が乾いたらたっぷりと水やりします。

水切れすると花が咲かなくなったり、病気や害虫の被害に遭いやすくなります。翌年も咲かせるためには、花後はタネをつける前に花がらを切り、ときどき液肥を与えて葉が茶色くなるまで育てます。6月に葉が枯れたら球根を掘り上げ、日陰でよく乾かして冷暗所に保存して秋に植えつけます。

| | 1 | 2 | 3 | 4 | 5 | 6 | 7 | 8 | 9 | 10 | 11 | 12 |
|---|---|---|---|---|---|---|---|---|---|---|---|---|
| 開花期 | （冷蔵芽出し苗） | | | | | | | | | | （冷蔵芽出し苗） | |
| 置き場所 | | | 日なた | | | | | 半日陰 | | | 日なた | |
| 植えつけ・植え替え | | 芽出し苗 | | | | | | | 球根 | | （冷蔵芽出し苗） | |
| 手入れ | | | | 花がら摘み | | 掘り上げ | | | | | | |

鉢植え　庭植え　耐寒性　丈夫

# カーネーション、ダイアンサス

母の日に贈る人気の花

ナデシコ科ダイアンサス属　多年草

1：コンパクトでよく咲き、甘い香りがするカーネーション**“ディアデュール”**　2：やさしいピンクでバラのような花のダイアンサス**“ローズドメイ”**　3：四季咲き性があり、濃淡がある花が手まり状に咲くダイアンサス**“ダッシュマジシャン”**　4：コンパクトな八重咲きで香りがよい赤い花、ダイアンサス**“秋色くれよん くれない”**

庭植え　鉢植え　耐寒性　耐暑性　丈夫

母の日に贈る花として親しまれるカーネーションは、八重咲きでフリルのように波打つ花弁が魅力です。切り花でも人気がありますが、庭や花壇に向くコンパクトな草丈で多花性のポットカーネーションが登場し、鉢花としても人気があります。同じ仲間のダイアンサスは、世界に300種以上が自生し、カーネーションもダイアンサス属に含まれます。一般的にはカーネーション以外のものを総称してダイアンサスと呼んでいます。

|  | 1 | 2 | 3 | 4 | 5 | 6 | 7 | 8 | 9 | 10 | 11 | 12 |
|---|---|---|---|---|---|---|---|---|---|---|---|---|
| 開花期 |  |  |  |  |  |  |  |  |  |  |  |  |
| 置き場所 |  |  | 日なた |  |  |  |  | 一部は半日陰 |  |  | 日なた |  |
| 植えつけ・植え替え |  |  |  |  |  |  |  |  |  |  |  |  |
| 手入れ |  |  |  | 花がら摘み |  | 切り戻し |  |  |  |  |  |  |

オザキ流 選び方

カーネーションは4～5月に多くの鉢花とポット苗が出回ります。ダイアンサスは春と秋にポット苗と鉢花が流通します。いずれも節が詰まって株元の分岐が多く、どっしりした苗でつぼみや花の多いものを選びます。また、下葉を確認して葉が傷んでいないものを選びます。

ダイアンサスの和名はナデシコで、日本の自生種には、秋の七草のひとつのカワラナデシコのほか、ハマナデシコなどがあります。近年は四季咲き性で耐寒性や耐暑性にすぐれた園芸品種が多く育種され、常緑性の葉でシルバーリーフの品種は花壇でも活用されやすくなっています。特に草丈がコンパクトでよく茂るタイプはグラウンドカバーとしても利用できます。

オザキ流 育て方 日当たりのよい場所を好むため、屋外の日なたで育てます。水はけのよい用土を使い、蒸れないように風通しよく育てます。ダイアンサスは、乾燥にも強く、ロックガーデンや傾斜のある場所でもよく育ちます。カーネーションは鉢植えか花壇に向きます。耐寒性があるので屋外で冬越しできますが、寒さの厳しい地域では軒下に移動するか霜よけをします。花に水がかかると傷むことがあるため、水やりはできるだけ花にかけないように気をつけ、土が乾いたらたっぷりと与えます。

肥料切れすると花数が減るので、開花中は月に2～3回薄めた液肥を与えましょう。咲き終わった花はこまめに取り除き、梅雨入り前に全体の1/2を切り戻します。鉢植えなら、夏は風通しがよい涼しい半日陰で管理し、西日が当たらないように気をつけ、水やりは控えめにして蒸れを防ぎます。

オススメ New 新品種

1 2

3 4

1：四季咲きで手まり咲き、シックな花色のダイアンサス**“ダッシュクリムゾン”** 2：耐寒性も耐暑性もあり、コンパクトでよく咲くダイアンサス**“ミーテ ラズベリーローズ”** 3：白い花に濃いローズピンクの覆輪があるダイアンサス**“グランズフェイバリット”** 4：コンパクトな草丈でたくさんの花が咲く、ダイアンサス**“パープルウェディング”**



3

1：花弁の縁に長く繊細な切れ込みが入るカワラナデシコ**“ミーティア”** 2：夏に淡いグラデーションが入った花が咲くフジナデシコ**“涼風(すずかぜ)”** 3：サクラのような淡いピンクで細いシルバーリーフのダイアンサス**“うらら”**

1 2

# ミニバラ

可憐な花が咲く小型のバラ

バラ科バラ属　低木

1 2
3 4

1：クシャッとした小輪で、外側にグリーンが差す白の花、**“エクレール”**　2：シックな濃いローズピンクの八重咲きで、咲き進むと色が淡くなる**“スイートチャリオット”**　3：グレーを帯びた淡い藤色で、とても香りがよい**“ウインターマジック”**　4：初心者にも育てやすいトゲなしタイプのミニバラ

ミニバラは主に木立性で、チャイナ系の小型で四季咲き性のあるロサ キネンシス“ミニマ”の系統の園芸品種です。花色が豊富で、成長しても樹高は1m以内とコンパクトです。極小輪から小輪の花を春と秋を中心に繰り返し咲かせます。多く流通しているのは、挿し木を何本も寄せ植えにした開花鉢で、特に母の日前に多く出回ります。ただし、挿し木苗と同じ状態なので、花後に大きな鉢に植え替えて、生育状態を観察しながら育てます。

鉢植え　庭植え　耐寒性

| | 1 | 2 | 3 | 4 | 5 | 6 | 7 | 8 | 9 | 10 | 11 | 12 |
|---|---|---|---|---|---|---|---|---|---|---|---|---|
| 開花期 | | | | | | | | | | | | |
| 置き場所 | | | | | | 風通しのよい日なた | | | | | | |
| 植えつけ・植え替え | | | | | | | | | | | | |
| 手入れ | | 冬剪定 | | | 花後の剪定 | | | 夏剪定 | | | | |

オザキ流 選び方

4～5月と9～10月に開花鉢やポット苗が出回ります。花色や花形がとても豊富です。株元を見ると、挿し木苗を数本集めて寄せ植えにしているタイプか、ひと株から育っているタイプかがわかります。ひと株が充実して育っているもののほうが育てやすいのでおすすめです。

花色では、ブルーローズ系と呼ばれる青みがある藤色や、やや青みが強いローズピンクなどがミニバラにも登場してきました。特有の芳香があるブルーローズ系は、大輪のバラでも人気の系統になっています。また、“エクレール”のような、キャベツを連想させるクシャッとした花形のタイプも注目されています。

育てやすさと四季咲き性のパフォーマンス力では、“グリーンアイス”や“キャシー コルダーナ”がおすすめです。

オザキ流 育て方

風通しのよい日なたで育てます。花に水がかかると傷むことがあるため、水やりはできるだけ花にかけないように気をつけ、土が乾いたらたっぷりと与えます。肥料切れすると花数が減るので、開花中は月に2〜3回薄めた液肥を与えましょう。花がらはこまめに摘み取り、病気や株の体力消耗を防ぎます。

挿し木苗タイプもひと株タイプも葉をできるだけきれいに保つのが栽培のコツです。水やり時の泥はねから、葉が黒星病にかかりやすくなりますが、用土の表面にバークチップなどでマルチングをすると軽減できます。

ひと株タイプは、花後には伸びた枝の1/3を目安に剪定し、肥料を与えて株をリフレッシュさせます。冬の剪定は2〜3月に行い、古い枝を切って新しい枝に更新します。

1

2

1：つぼみはピンクで開花すると白、咲き進むと緑色になる**“グリーンアイス”**。丈夫でよく咲き、開花期も長い　2：晩秋の**“グリーンアイス”**。秋に気温が下がってくると写真のようにほんのりとピンク色になるのも魅力

1

1：ドイツのコルデス社で育種された、丈夫で四季咲き性がある**“キャシー コルダーナ”**　2：レンゲローズの愛称で知られる**“八女津姫（やめつひめ）”**　3：愛らしいピンク色で花もちがよい**“さくらいろ”**　4：アンティークなクリーム色で、ややオレンジ色になることもある人気の品種**“モカ”**

2

3

4

# クレマチス

バリエーション豊かなつる性植物の女王

キンポウゲ科クレマチス属　多年草

1：すっきりした花形でインテグリフォリア系の**“アフロディテ エレガフミナ”** 2：コンパクトで葉が細かく、フォステリー系の**“カートマニージョー ”** 3：バラと組み合わせても素敵な早咲き大輪系の**“マダムエドワードアンドレ”** 4：コンパクトなあんどん仕立てで母の日の頃に流通する**“ミゼットブルー ”**

バラとともに古くから親しまれ、つる性植物の女王と呼ばれます。世界中にさまざまな原種が自生しますが、大きく分けて1年に1回咲く一季咲きと、長期間に繰り返し咲く四季咲きの2つのグループがあります。一季咲きで人気なのはニュージーランド原産のフォステリー系で、白い花がたくさん咲きます。四季咲きでは母の日の頃に咲く大輪系の園芸種のほか、中輪のヴィチセラ系、チューリップ形やベル形のテキセンシス系、つるが絡みつかないインテグリフォリア系などがあります。

| | 1 | 2 | 3 | 4 | 5 | 6 | 7 | 8 | 9 | 10 | 11 | 12 |
|---|---|---|---|---|---|---|---|---|---|---|---|---|
| 開花期 | | | | | | | | | | | | |
| 置き場所 | | | 日なた | | | | | 一部は半日陰 | | | 日なた | |
| 植えつけ・植え替え | | | | | | | | | | | | |
| 手入れ | | 剪定・誘引（一季咲き種） | | | | | 剪定・誘引（四季咲き種） | | | | | |

オザキ流 選び方

小さなポットに入った苗も流通しますが、そのまま庭植えにするとなかなか花が咲かないため、開花鉢か2年以上栽培された大苗を購入するのがおすすめです。ポット苗は2～4月に流通し、開花鉢は4～5月に多く出回ります。花形や花色も豊富なので、花を確認して気に入ったものを選ぶとよいでしょう。ポットの底から根が見えるくらい、根が張っているものを選びます。

庭植え

鉢植え

耐寒性

丈夫

環境・植え方に注意

春の早めに流通するフォステリー系は、花もちがよいことと、びっしりと花つきするため、SNS映えする花として人気があります。主に開花鉢で流通するので、気に入ったものを購入するとよいでしょう。

大輪系では“ミゼットブルー”などの丈夫で育てやすく、何度も咲く品種のほか、八重咲きや半八重咲きなどの珍しい品種も人気があります。

**オザキ流 育て方** 日当たりと風通しのよい場所で育てます。芽の動き出さない2～3月が植えつけに最適ですが、根を切らないように注意すれば開花中でも植えつけや植え替えができます。一度根を傷めるとなかなか回復しないので、注意しましょう。植えつける際は、1節以上深く植えつけるのがコツで、地上部が枯れる立ち枯れ病を予防するのに役立ちます。

水切れすると回復しないことがあるため、用土の表面が乾いたらたっぷりと与えます。四季咲きの品種は、冬に葉が落葉しますが、枯れてはいないため、適度に水やりをして春を待ちます。2～3月に緩効性化成肥料を株元の用土を掘って与え、開花中は薄めた液肥を1か月に2回与えます。系統によって、剪定の方法が異なるため、確認してから行います。

1

2

3

4

1：チューリップ咲きでピンク色、テキセンシス系の“**プリンセス ダイアナ**” 2：豪華な八重咲きで表が紫色、裏が白い大輪の“**新紫玉**”
3：ベル形で濃い紫の花、切り花でも人気の“**篭口**（ろうぐち）”
4：サーモンピンクの大輪が珍しい品種、“**リトルマーメイド**”

1

2

3

1：中心部が白く盛り上がる立体的な半八重咲きの“**フェアリーロゼ**”
2：大輪の八重咲きの中でも育てやすい“**ダッチェス オブ エジンバラ**”
3：中国原産で花芯が紫色の“**テッセン**”と、淡いグリーンの八重咲きの“**白万重**（しろまんえ）”

# ゼラニウム、アイビーゼラニウム

窓辺によく似合う鮮やかな花

フウロソウ科ペラルゴニウム属　多年草

1　2
3　4

1：小さめで可憐な濃いオレンジ色の花が咲き、モミジのような複色の葉が魅力のモミジバゼラニウム　2：パステルカラーで複色の豪華な花が咲くゼラニウム**“サニーデイ”**　3：光沢がある葉に半八重咲きのピンクの花が映えるアイビーゼラニウム**“シュガーベビー ”**　4：華やかな赤い花に覆輪の入る葉がよく似合うゼラニウム**“ファンシーリーフ”**

乾燥に強く、丈夫で開花期が長いことから、ヨーロッパでは窓辺のウインドウボックスで人気があります。日本でゼラニウムと呼ばれているのは、ペラルゴニウム ゾナレとペラルゴニウム インクイナスを交雑した園芸品種です。アイビーゼラニウムはペラルゴニウム ペルタツムの園芸品種の総称で、アイビーに似た光沢のある葉が垂れ下がって伸びます。また、ペラルゴニウム属のうち、葉に芳香をもつグループをセンテッドゼラニウムと呼びます。

オザキ流 選び方

主な流通時期は春と秋ですが、特に2～5月に多くのポット苗が出回ります。花色や花形がとても豊富です。いずれも節が詰まって茎の分岐が多く、どっしりした苗で花やつぼみの多いものを選びます。また、下葉を確認して葉が黄ばんでいないものを選びます。

庭植え

鉢植え

丈夫

| | 1 | 2 | 3 | 4 | 5 | 6 | 7 | 8 | 9 | 10 | 11 | 12 |
|---|---|---|---|---|---|---|---|---|---|---|---|---|
| 開花期 | | | | | | | | | | | | |
| 置き場所 | 軒下/室内 | | | 日なた | | | | 半日陰 | | 日なた | | 軒下/室内 |
| 植えつけ・植え替え | | | | | | | | | | | | |
| 手入れ | | | | 花がら摘み | | 切り戻し | | | | 花がら摘み | | |

花形では近年登場してきた八重咲きや半八重咲きが注目されています。花色ではやわらかいピンクや明るいオレンジなどのニュアンスカラーの品種が多数作出されています。また、葉形や葉色も注目され、茶色や暗紫色の葉を植栽のアクセントにするほか、はっきりした斑入り葉も人気です。

オザキ流 育て方 乾燥には耐えますが蒸れが苦手なので、直接雨が当たりにくい軒下で、日当たりと風通しのよい場所で育てます。霜に当たると傷むため、冬は軒下で保護するか、霜よけをします。鉢植えなら、夜は無加温の室内に取り込んでもよいでしょう。咲き終わった花をそのままにしておくと、カビが生えて病気の原因になるので、こまめに花がらを取り除きましょう。

花に水がかかると傷むことがあるため、水やりはできるだけ花にかけないように気をつけ、土が乾いたらたっぷりと与えます。肥料切れすると花数が減るので、開花中は月に2〜3回薄めた液肥を与えましょう。梅雨入り前に全体の1/2を切り戻し、ひと回り大きい鉢に植え替えます。夏は半日陰に移動して水やりは控えめにし、蒸れを防ぎます。

1

2

1：ふっくらとした大輪の花が房咲きになるチューリップ咲きゼラニウム
2：葉にくっきりとした覆輪が入るゼラニウム“フランクヘッドレイ”

1

3

1：赤に白が入る豪華な覆輪咲きのゼラニウム“ミスターレン” 2：暗紫色の葉に一重咲きで大輪の赤い花が目を引く古典シリーズのゼラニウム“黒雲竜(こくうんりゅう)” 3：センテッドゼラニウムのひとつで、斑入りの葉にスパイス系の香りがあり、白い花のナツメグゼラニウム

2

# ユリオプスデージー

秋から春まで咲く黄色い花

キク科ユリオプス属　低木

庭植え　鉢植え　耐寒性　丈夫

1

2

1：コンパクトな草丈で多花性、強健で大輪の“ボビー”
2：シルバーを帯びた葉に鮮やかな黄色い花が咲くユリオプスデージー

| | 1 | 2 | 3 | 4 | 5 | 6 | 7 | 8 | 9 | 10 | 11 | 12 |
|---|---|---|---|---|---|---|---|---|---|---|---|---|
| 開花期 | | | | | | | | | | | | |
| 置き場所 | 軒下/室内 | | | 日なた | | | | | | | 軒下/室内 | |
| 植えつけ・植え替え | | | | | | | | | | | | |
| 手入れ | 花がら摘み | | | | | 切り戻し | | | | | 花がら摘み | |

秋から春のあいだ、花が長く咲くことから、庭や花壇に植えておくと便利な花です。以前は草丈が60～70cm伸びる普通種のみでしたが、育種が進み、大輪でコンパクトな草丈の品種も登場しています。葉や茎に細毛が生えているので、全体が灰白色に見えます。関東の平野部以西の暖地では屋外で冬越しでき、大株に育ちます。本来は常緑の低木なので、冬越しできれば毎年株が大きくなってよく花が咲きます。

**オザキ流 選び方**　秋から春にポット苗が出回ります。普通種は60～70cmまで伸びるため、茎が長く伸びた苗もありますが、節が詰まって株元の分岐が多いものがおすすめです。また、下葉が黄色くなっていないものがよいでしょう。

**オザキ流 育て方**　日当たりと風通しのよい場所を好むため、春から秋は屋外の日なたで育てます。冬に凍るような地域では軒下に取り込むか霜よけをします。水やりは過湿に注意し、梅雨前に1/3を切り戻して植え替えます。

# エレモフィラ

シルバーリーフが美しい低木

ゴマノハグサ科エレモフィラ属　低木

鉢植え　丈夫

オーストラリアに自生する低木で、短い毛が生えて全体が銀色に見えるエレモフィラ ニベアとその園芸種が多く流通しています。ニベアの花は薄いブルーで、長期間咲き続けるので人気があります。シルバーリーフが美しいので、寄せ植えの芯として使われることも多く、乾燥には強いのですが過湿に弱いので鉢植えにするのがおすすめです。梅雨から夏の間は風通しのよい半日陰に移動するとよいでしょう。

**オザキ流 選び方**　11月から春にかけて流通しますが、2～3月に多くのポット苗が出回ります。いずれも節が詰まって株元の分岐が多く、シルバーの色が濃いものがおすすめです。株元がぐらぐらしていたり、葉色が悪いものは避けましょう。

| | 1 | 2 | 3 | 4 | 5 | 6 | 7 | 8 | 9 | 10 | 11 | 12 |
|---|---|---|---|---|---|---|---|---|---|---|---|---|
| 開花期 | | | | | | | | | | | | |
| 置き場所 | 軒下/室内 | | | 日なた | | | 半日陰の軒下 | | | 軒下/室内 | | |
| 植えつけ・植え替え | | | | | | | | | | | | |
| 手入れ | 花がら摘み | | | | | 切り戻し | | | | | | |

オススメ New 新品種

1　2

1：全体がシルバーで美しく、ブルーの花もきれいなエレモフィラ　ニベア　2：コンパクトにまとまって分枝がよく、白い花が咲く“ホイップクリーム”

**オザキ流 育て方**　日当たりのよい場所を好みます。秋から冬は軒下や室内の明るいところで、やや乾燥気味に育てるとよいでしょう。霜に当たると傷むので、特に冬は軒下に入れるか霜よけをします。梅雨時期から夏は明るい軒下などで育て、西日を避けます。

# アネモネ

## 丈夫で半日陰でも育つ鮮やかで目を引く春の花

キンポウゲ科イチリンソウ属　多年草(球根)

1 2

1：だれにでも好かれる紫色で、原種から生まれた交雑種といわれるアネモネ　フルゲンス
2：淡いアプリコットピンクのグラデーションが入る八重咲き、**“ダブルクラシカル”**

春に鮮やかな花を咲かせ、古くから親しまれている花です。秋植え球根として秋にも販売されますが、球根の植えつけ方がやや難しいことから、近年は手軽に楽しめて年末から春に流通する芽出し苗やつぼみつきの鉢花が主流です。

多く出回っているのはアネモネ コロナリアの園芸品種で、赤や紫色で中心部が黒い花です。一重咲きのほか、八重咲きや半八重咲きもあり、育種が進んで淡いピンクやアプリコット色、淡いグラデーションの入った紫色のほか、茶色に近いチョコレート色の品種も登場しています。原種のパブニナは、比較的丈夫で毎年花を咲かせやすいことから人気が出てきました。

オザキ流 選び方　11月から春にかけてポットに入った芽出し苗やつぼみつきの開花鉢が出回ります。秋に球根を購入する場合は、傷やカビがついていないものを選びます。芽出し苗や鉢花を購入するなら、茎が太くてどっしりした苗でつぼみが多く、株元がぐらぐらしていないものを選びます。

オザキ流 育て方　ポット苗は根鉢を崩さずに植えつけ、日当たりと風通しのよい場所で育てます。水は用土が乾いてから与えますが、過湿にすると球根が傷みやすいため、やりすぎに気をつけます。球根を植えつけるなら、10〜11月に湿らせたバーミキュライトの上に乾燥した球根を置いて徐々に吸水させ、ふっくらしたら尖っているほうを下にして水はけのよい用土で日当たりのよい場所に植えます。花後は花がらを切り、ときどき液肥を与えて葉が茶色くなるまで育てると球根が充実します。6月に葉が枯れたら球根を掘り上げ、日陰で乾かして冷暗所に保存し、秋に植えつけます。パブニナは、花後そのまま半日陰で断水して夏越しさせます。

| | 1 | 2 | 3 | 4 | 5 | 6 | 7 | 8 | 9 | 10 | 11 | 12 |
|---|---|---|---|---|---|---|---|---|---|---|---|---|
| 開花期 | | | | | | | | | | | | |
| 置き場所 | | | 日なた | | | | 冷暗所で貯蔵(一部) | | | | 日なた | |
| 植えつけ・植え替え | | | 芽出し苗 | | | | | | | 球根 | | |
| 手入れ | | | 花がら摘み | | | 掘り上げ | | | | | | |

鉢植え　庭植え　耐寒性　丈夫

1 2

3 4

1：大輪で豪華に咲き、色鮮やかな八重咲き種**“オーロラ”**
2：大輪の八重咲きで淡い紫色のグラデーションの花、**“ダブルパステル”**　3：草丈が低くてよく咲き、日本でも夏越ししやすい、原種のパブニナ　4：印象的な濃い茶色で豪華な八重咲きの**“チョコレート”**

# スイートアリッサム

甘い香りの小花が広がる

アブラナ科ニワナズナ属　一年草、多年草

1：白い小花がふんわりと集まって咲く、スイートアリッサム（一年草タイプ）　2：くっきりした斑入り葉で一年中花が咲くスーパーアリッサム“**フロスティーナイト**”（多年草タイプ）

春の花壇や寄せ植えの名脇役として親しまれています。小さな花が集まってこんもりと咲き、甘い香りがふわっと漂います。本来は地中海沿岸地方に自生する多年草ですが、高温多湿に弱いため、日本では一年草として扱われてきました。

近年になって、暑さにも寒さにも強く、生育が旺盛で一年中花が咲き続ける多年草タイプも登場し、人気があります。

株があふれるように横に広がって伸びるため、花壇の前列のほか、寄せ植えの手前、吊り鉢やハンギングバスケットにも向いています。一年草タイプは基本の白花のほか、赤や紫、ピンク、アプリコット色などの花色があります。

多年草タイプは、主に白花ですが、くっきりときれいな斑入り葉の品種もあり、カラーリーフとしても活用できます。

**オザキ流 育て方**

日当たりのよい場所を好むため、屋外の日なたで育てます。霜に当たると傷むため、冬は軒下に置いたり霜よけをします。鉢植えなら、夜は無加温の室内に取り込んでもよいでしょう。

移植を嫌うため、ポット苗を植えつけるときは静かに抜き、根鉢を崩さずにひと回り大きな植え穴を掘って植えつけます。過湿にすると根腐れを起こすので、用土は水はけのよいものを使い、乾いてからたっぷりと水やりします。植えつけ時に緩効性化成肥料を植え穴の用土に混ぜて与えますが、開花期が長いため、真夏を除いて月に2～3回薄めた液肥も与えます。花がらはこまめに摘み、春に草丈が伸びて密になったら全体の1/3を切り戻します。

| | 1 | 2 | 3 | 4 | 5 | 6 | 7 | 8 | 9 | 10 | 11 | 12 |
|---|---|---|---|---|---|---|---|---|---|---|---|---|
| 開花期 | | | （一年草タイプ） | | | | | | | | | |
| 置き場所 | 軒下または霜よけ | | | | | | 日なた | | | | | |
| 植えつけ・植え替え | | | | | | | | | | | | |
| 手入れ | | | 花がら摘み 切り戻し | | | | | | 花がら摘み | | | |

鉢植え

庭植え

丈夫

**オザキ流 選び方**

10月から春にかけて多くのポット苗が出回ります。茎が太くて節が詰まり、株元からの茎の分岐が多く、充実して花やつぼみの多い苗を選びます。間延びしてひょろひょろしたものはうまく育たないことがあります。また、下葉を確認して黄色く傷んでいないものを選びます。

1：ピンク、アプリコット、レモンイエロー、白などの花色が入り混じったスイートアリッサムのポット苗（一年草タイプ）
2：美しい紫色の花が長期間咲く、スーパーアリッサム“**パープルプリンセス**”（多年草タイプ）

1

2

# カレンデュラ

## 黄色やオレンジの元気な花

キク科キンセンカ属　多年草（一年草扱い）、一年草



カレンデュラの和名がキンセンカで、植物名の由来はカレンダーを意味するラテン語です。日本ではオレンジ色の大きな花が長期間咲くオフィシナリス種がキンセンカと呼ばれて、長く切り花や仏花として親しまれてきました。

“冬知らず”という、草丈が低くて直径2cmの小花がたくさん咲き、強健で冬から春までの長期間咲き続けるガーデニングに適した品種が登場し、仏花のイメージを大きく覆しました。また、**“コーヒークリーム”**に代表される、混ざりきっていないカフェオレのようなニュアンスカラーでガーデンのポイントになる品種が登場したことで、従来の単色の花という印象も大きく変わりました。**“コーヒークリーム”**が人気の品種になったことから、ニュアンスカラーの中・大輪咲きがふえて、現在ではキンセンカではなくカレンデュラの呼び名が主流です。

**オザキ流 選び方**　11月から春にかけて流通しますが、2～3月に多くのポット苗が出回る時期に購入するのがおすすめです。節が詰まって株元の分岐が多く、どっしりした苗でつぼみの多いものを選びます。また、下葉を確認して葉が茶色く傷んでいないものを選びます。

1：強健で庭や花壇で育てやすく、小さな花が長期間開花する“冬知らず”　2：アンティークなニュアンスカラーの花が人気の**“コーヒークリーム”**

オススメ New 新品種

1：色幅があり、万重咲きで花壇にも切り花にも向く**“タッチオブレッド”**　2：アプリコットイエローで中心部が茶色の**“オレンジクリーム”**　3：カレンデュラではじめてのクリームイエローの花、**“スノープリンセス”**　4：**“コーヒークリーム”**はガーデンでも印象的な美しさで目を引く

**オザキ流 育て方**　なによりも日当たりと風通しのよい場所を好むため、日なたで育てます。夏の暑さと蒸れが苦手で、多年草の種類でも日本では夏の暑さで枯れるため、一年草として扱います。庭植えでも花壇や鉢植えでも、用土は水はけのよいものを選びましょう。

咲き終わった花をそのままにしておくと、病気の原因になります。こまめに花がらを茎のつけ根から取り除きましょう。比較的乾燥に強いため、庭植えはほとんど水やりの心配はありません。鉢植えは、土が乾いたらたっぷりと与えます。肥料を与えすぎると軟弱に育ち、間延びするため、特に庭植えでは窒素肥料を控えます。

| | 1 | 2 | 3 | 4 | 5 | 6 | 7 | 8 | 9 | 10 | 11 | 12 |
|---|---|---|---|---|---|---|---|---|---|---|---|---|
| 開花期 | | | | | | | | | | | | |
| 置き場所 | | | 日なた | | | | | | | 日なた | | |
| 植えつけ・植え替え | | | | | | | | | | | | |
| 手入れ | | | 花がら摘み | | | | | | | | | 花がら摘み |

鉢植え　庭植え　耐寒性　丈夫

# オキザリス

日が差すと開花する盃状の花

カタバミ科カタバミ属　多年草（球根）

1：外側が濃いピンクで閉じた姿が螺旋状になるバーシーカラー（11月～翌年2月に開花）　2：葉が暗紫色で淡いピンクの花が咲くトリアングラリス（四季咲き性）

**オザキ流 育て方**　球根を植えつけるなら、春から初夏に咲く品種は3～4月、秋から冬に開花する品種と四季咲き性の品種は10～11月に水はけのよい用土を使って日当たりのよい場所に植えつけます。鉢植えのほうが向いています。寒さには強く、冬でも特に防寒しないで育てられます。寒さにあたらないと花が咲かないため、暖房の効いた室内に入れないようにします。冬の間も用土が乾いたら水やりし、やや乾燥気味に管理します。

花が終わったらタネをつける前に花がらを切り、月に2～3回、薄めた液肥を与えて葉が茶色くなるまで育てると球根が充実します。葉が枯れたら断水し、鉢ごと乾燥させて半日陰で管理します。新芽が出てきたら水やりを再開します。

鉢植え

庭植え

耐寒性

丈夫

| | 1 | 2 | 3 | 4 | 5 | 6 | 7 | 8 | 9 | 10 | 11 | 12 |
|---|---|---|---|---|---|---|---|---|---|---|---|---|
| 開花期 | | | | | | | | | | | | |
| 置き場所 | | | 日なた | | | | 半日陰 | | | | 日なた | |
| 植えつけ・植え替え | | | | | | | | | | | | |
| 手入れ | | | 掘り上げて植え替え（2～3年に1度） | | | | | | | | 花がら摘み | |

日本に自生するカタバミの仲間で、世界に800種以上が広く分布しています。主に流通しているのは南アフリカ原産で盃状の大きな花が咲く品種で、天気が悪いと開花せず、晴天だと大きく花が開きます。クローバーのような葉形が多いのですが、細かい切れ込みが入るものや細い葉もあり、葉色は緑色のほか、黒に近い暗紫色やピンク色、オレンジ色や複色などもあります。

花色は、白、黄、ピンク、紫、オレンジと、複色があります。花弁の外側が濃いピンク色の覆輪で閉じると螺旋《らせん》状になり、開くと白い花になるオキザリス バーシーカラーは、花が閉じたときや開花する前がパラソルのような姿で、かわいらしいため、人気があります。

四季咲き性のある品種や、秋から冬に咲く品種、春の間開花する品種などがありますが、概ね、夏を除いた期間に開花します。

**オザキ流 選び方**　9月から春にかけて、ポットに入った芽出し苗やつぼみつきの開花鉢が出回ります。ただし、珍しい園芸品種を入手したい場合は、秋に球根を購入するほうが確実です。つぼみつきの芽出し苗を購入するなら、株元の分岐が多くて葉が整い、どっしりした苗でつぼみの多いものを選びます。

1：明るいオレンジの葉がかわいい、黄色の小さな花が咲く**“黄昏（たそがれ）”**（四季咲き性）　2：純白の花があふれるように咲く**“ラブハピネス ホワイト”**（11月～翌年3月に開花）　3：鉢いっぱいに花を咲かせるパステルイエローの**“スプリングスマイル イエロー系”**（1～4月に開花）　4：淡いピンクの花がたくさん咲く**“ラブハピネス ソフトピンク”**（11月～翌年3月に開花）

# 雲間草（くもまぐさ）

可憐な花がマット状に咲く

ユキノシタ科ユキノシタ属　多年草

鉢植え　庭植え　耐寒性

ピンクや、白とピンクの花が上向きに咲き、小さな葉がマット状に茂ります。高温多湿に弱いため鉢植えで育てます。庭植えならロックガーデンに向きます。

オザキ流 選び方　2〜3月につぼみつきの開花苗が出回ります。つぼみや花が多くて株元の分岐が多く、葉がきれいなものを選びます。

オザキ流 育て方　日当たりのよい場所で育て、用土が乾いたら水やりして夏は半日陰に移動します。開花期は花がらを摘み、月に1〜2回薄めた液肥を与え、枯れ葉は取り除きます。

| | 1 | 2 | 3 | 4 | 5 | 6 | 7 | 8 | 9 | 10 | 11 | 12 |
|---|---|---|---|---|---|---|---|---|---|---|---|---|
| 開花期 | | | | | | | | | | | | |
| 置き場所 | | | 日なた | | | | 半日陰 | | | | 日なた | |
| 植えつけ・植え替え | | | | | | | | | | | | |
| 手入れ | | | 花がら摘み | | | | 枯れ葉取り | | | | | |

# スノードロップ

イヤリングのように可憐な花

ヒガンバナ科ガランサス属　多年草（球根）

鉢植え　庭植え　耐寒性　環境・植え方に注意

春を告げる花として知られ、主にガランサス エルウェシー（写真）が流通します。6月頃に地上部が枯れて休眠します。庭植えならロックガーデンや落葉樹の株元に。

オザキ流 選び方　秋から球根が流通しますが、2〜3月には芽出し苗が出回ります。つぼみがふっくらして葉がきれいなものを選びます。

オザキ流 育て方　日当たりのよい場所で育て、夏は半日陰に移動します。用土が完全に乾く前に水やりし、夏の休眠期もときどき水やりします。花がらを摘み、薄めた液肥を与えます。

| | 1 | 2 | 3 | 4 | 5 | 6 | 7 | 8 | 9 | 10 | 11 | 12 |
|---|---|---|---|---|---|---|---|---|---|---|---|---|
| 開花期 | | | | | | | | | | | | |
| 置き場所 | | | 日なた | | | | 半日陰の軒下 | | | | 日なた | |
| 植えつけ・植え替え | | 芽出し苗 | | | | | | | | | | |
| 手入れ | | 花がら摘み | | | 掘り上げて分球(3年に1回) | | | | | | | |

# 花かんざし

小さくて愛らしい春の花

キク科ローダンセ属　多年草（一年草扱い）

鉢植え　庭植え　耐寒性

ピンク色のつぼみからかさかさとした白い花が咲きます。学名はローダンセ アンテモイデスで、晴天で開花し、夜に花が閉じます。梅雨時期には枯れます。

オザキ流 選び方　12月から開花鉢が流通します。つぼみが多くて葉がきれいなものを選びます。

オザキ流 育て方　日当たりと風通しのよい場所で乾燥気味に育て、2〜4月は薄めた液肥を月に3〜4回与えます。花がらは順次摘み、混み合ったら透かすように茎を切り戻します。

| | 1 | 2 | 3 | 4 | 5 | 6 | 7 | 8 | 9 | 10 | 11 | 12 |
|---|---|---|---|---|---|---|---|---|---|---|---|---|
| 開花期 | | | | | | | | | | | | |
| 置き場所 | | | 日なた | | | | | | | | | 日なた |
| 植えつけ・植え替え | | | | | | | | | | | | |
| 手入れ | 花がら摘み | | 切り戻し | | | | | | | | | |

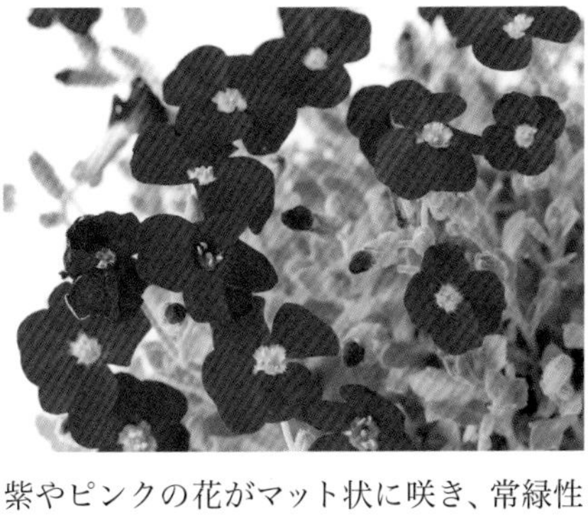

# オーブリエチア

鮮やかに低く咲き広がる花

アブラナ科ムラサキナズナ属　多年草

鉢植え　庭植え　耐寒性

紫やピンクの花がマット状に咲き、常緑性で冬でも葉が茂ります。冬の寒さにあうと花芽ができます。過湿に弱いため、庭植えならロックガーデンに向きます。

オザキ流 選び方　2〜3月につぼみつきの開花苗が出回ります。つぼみや花が多くて株元の分岐も多く、葉がきれいなものを選びます。

オザキ流 育て方　春と秋は日当たりのよい場所で育て、夏は半日陰に移動します。開花期は花がらを摘み、月に2〜3回薄めた液肥を与えて梅雨入り前に全体の1/2を切り戻します。

| | 1 | 2 | 3 | 4 | 5 | 6 | 7 | 8 | 9 | 10 | 11 | 12 |
|---|---|---|---|---|---|---|---|---|---|---|---|---|
| 開花期 | | | | | | | | | | | | |
| 置き場所 | | | 日なた | | | | 半日陰 | | | | 日なた | |
| 植えつけ・植え替え | | | | | | | | | | | | |
| 手入れ | | | 花がら摘み | | | 切り戻し | | | | | | |

# ユーフォルビア

庭や花壇で苞を観賞する

トウダイグサ科トウダイグサ属　多年草、低木（一年草扱い）

1 2

1：白い苞が八重咲きになる**“ダイアモンドスノー”**（一年草タイプ）　2：春に明るい黄緑色の花が咲く、常緑で木立性のカラキアス（多年草タイプ）

ユーフォルビアは世界中に2000種以上も原種があり、形態も多岐にわたります。多肉植物としても人気ですが、ここでは庭や花壇、鉢植えなどで楽しめる多年草と一年草扱いの低木を紹介します。多年草の代表種は、常緑で木立性のカラキアスで、多くの園芸品種があり、大株になると1m近くまで草丈が伸びます。春に茎の先端を伸ばして黄緑色の花をたくさん咲かせます。多年草タイプは耐寒性があります。

また近年、小さな白い苞《ほう》が小花のようにたくさん咲き、小型のカスミソウのような印象のタイプが登場して人気を集めています。本来は低木なのですが、このタイプは耐寒性・耐暑性があまりなく、日本の暑さや寒さには耐えられないため、一年草として扱います。代表的な品種は“ダイアモンドフロスト”で、春から秋まで、白くて小さな苞が咲き続け、花壇や寄せ植えの名脇役として人気です。

オザキ流 選び方　多年草のタイプは2〜3月から、つぼみつきの開花サイズのポット苗で流通します。一年草タイプは3〜4月と秋に花つきのポット苗が流通します。節が詰まって株元の分岐が多く、どっしりした苗でつぼみや花の多いものを選びます。茎が徒長しているものや下葉が傷んでいるものは避けます。

1：“ダイアモンドフロスト”より白い苞が大きく、10月から開花する**“白雪姫（しらゆきひめ）”**（一年草タイプ）　2：夏の暑さに負けずに白い花がたくさん咲く**“ダイアモンドフロスト”**（一年草タイプ）　3：鮮やかな黄色い斑入りの葉が魅力の**“アスコットレインボー”**（多年草タイプ）　4：淡いピンクを帯びた白い苞が密に咲く**“ブレスブラッシュ”**（一年草タイプ）

1

2

3

4

オザキ流 育て方　日当たりと風通しのよい場所を好むため、屋外の日なたで育てます。一年草タイプは霜に当たると傷んで枯れます。鉢植えなら、夜に無加温の室内に取り込んだほうがよいでしょう。夏は涼しい半日陰で西日が当たらないようにし、水やりは控えめにします。4〜9月は用土が乾いたらたっぷりと水やりします。秋以降は水を控えめに与えます。肥料切れすると花数が減るので、開花中は月に2〜3回薄めた液肥を与え、3〜5月に全体の1/3を切り戻します。多年草タイプは水はけのよい用土で日当たりのよい場所で育て、夏に肥料を与えないようにします。花後は咲き終わった茎を切り戻し、若い芽に更新します。

| | 1 | 2 | 3 | 4 | 5 | 6 | 7 | 8 | 9 | 10 | 11 | 12 |
|---|---|---|---|---|---|---|---|---|---|---|---|---|
| 開花期 | | | | | | | | | | | | |
| 置き場所 | | | 日なた | | | | | 半日陰 | | | 日なた | |
| 植えつけ・植え替え | | | | | | | | | | | | |
| 手入れ | | | | 切り戻し | | | | | | | | |

鉢植え

庭植え

耐寒性（一部）

丈夫

# クリサンセマム

## たっぷり咲くのが魅力

キク科フランスギク属　一年草

鉢植え　庭植え　耐寒性

1：丈夫で育てやすいクリサンセマム　パルドサム**“ノースポール”**
2：黄色い小花が低く咲く、クリサンセマム　ムルチコーレ

白や黄色の小花で中心部が黄色の、冬から春までたくさんの花が咲く一年草です。開花期が長く、花壇や寄せ植えに向いています。特に防寒しなくても冬越しできることからも人気があります。白い花がよく咲くクリサンセマム パルドサム“ノースポール”がもっとも人気で多く流通し、小型で黄色い花がカーペット状に広がるクリサンセマム ムルチコーレも人気があります。高温多湿が苦手なため、梅雨の時期には枯れてしまいます。

**オザキ流 選び方** 10月頃から春にかけてポット苗が出回るので、入手して植えつけます。株元の茎が太くて分岐が多く、葉の緑色が濃くてきれいなものを選びます。また、花やつぼみがたくさんついているものがおすすめです。

**オザキ流 育て方** 日当たりがよい場所を好み、用土が乾いたらたっぷりと水やりします。春にアブラムシがつきやすいので適用のある薬剤で防除します。植えつけ時に緩効性化成肥料を用土に混ぜます。春に伸びすぎたら切り戻しましょう。

| | 1 | 2 | 3 | 4 | 5 | 6 | 7 | 8 | 9 | 10 | 11 | 12 |
|---|---|---|---|---|---|---|---|---|---|---|---|---|
| 開花期 | | | | | | | | | | | | |
| 置き場所 | | | 日なた | | | | | | | | 日なた | |
| 植えつけ・植え替え | | | | | | | | | | | | |
| 手入れ | | | | 切り戻し | | | | | | | | |

# シレネ

## 野趣のある清楚な花

ナデシコ科マンテマ属　多年草・一・二年草

鉢植え　庭植え　耐寒性　丈夫

1

2

1：丈夫で育てやすく、はっきりしたピンクの花の一年草、シレネ**“ピンクパンサー”**　2：斑入り葉で、ユニークな花形のシレネ　ユニフローラ**“バリエガータ”**

流通するものの多くは北半球の地中海沿岸や南アフリカ、南アメリカに分布するものを元に育種したものです。高山性の種類や海岸の岩場に自生するものが多いため、日当たりと水はけのよい環境を整えるとよく育ちます。近年は丈夫で育ちやすく、こぼれダネでも育つムシトリナデシコの仲間やその園芸種が多く登場し、庭植えのほか、切り花でも人気になっています。花のつけ根にユニークな袋があるシレネ ユニフローラも人気です。

**オザキ流 選び方** 主に春と秋に流通しますが、春に多くのポット苗が出回ります。花色と葉色のバランスを見て、好みのポット苗を購入するのがおすすめです。いずれも節が詰まって株張りがよく、葉がきれいなものを選びましょう。

**オザキ流 育て方** 日当たりのよい場所を好むので、水はけのよい用土で植えつけます。夏は半日陰に移動しましょう。肥料は鉢植えには開花前に少量を与えます。花がらや、傷んだ葉、枯れ葉もこまめに取り除きます。

| | 1 | 2 | 3 | 4 | 5 | 6 | 7 | 8 | 9 | 10 | 11 | 12 |
|---|---|---|---|---|---|---|---|---|---|---|---|---|
| 開花期 | | | | | | | | | | | | |
| 置き場所 | | | 日なた | | | | | 半日陰 | | | 日なた | |
| 植えつけ・植え替え | | | | | | | | | | | | |
| 手入れ | | | 花がら摘みと枯れ葉取り | | | | | | | | | |

# ハーデンベルギア

## つる性で小さな蝶の形の花

マメ科ハーデンベルギア属
低木(つる性)

鉢植え
庭植え
耐寒性
丈夫

1：もっともよく流通する、紫色の花が咲くハーデンベルギア　ビオラセア　2：よく流通する白花種、ハーデンベルギア　ビオラセア“スノーホワイト”

| | 1 | 2 | 3 | 4 | 5 | 6 | 7 | 8 | 9 | 10 | 11 | 12 |
|---|---|---|---|---|---|---|---|---|---|---|---|---|
| 開花期 | | | | | | | | | | | | |
| 置き場所 | | 日なた(軒下) | | | 日なた | | | 半日陰 | | 日なた | | 日なた(軒下) |
| 植えつけ・植え替え | | | | | | | | | | | | |
| 手入れ | | | | | | 切り戻し | | | | 誘引と仕立て | | |

オーストラリア原産のつる性低木で、蝶のような形の小さな花を穂状にたくさん咲かせます。花色は紫色が中心ですが、ピンク色や白花もあります。小苗のうちから開花するため、ポット苗でも花が見られます。成長すると2mを超しますが、夏前に刈り込めば一般の低木のように低く仕立てられます。つるは巻きつかずに樹木などに絡まりながら伸びるため、誘引や仕立てもしやすく、フェンスやアーチなどにも利用できます。

オザキ流 選び方　12月から春にかけて、加温した開花鉢とポット苗がいろいろなサイズで出回ります。いずれもつるが太くて葉につやがあり、節が詰まって株張りがよく、つぼみや花がたくさんついているものを選びましょう。

オザキ流 育て方　日当たりのよい乾燥気味の環境で、鉢植えは用土が乾いたらたっぷりと水やりを。花後に1/3を切り戻し、夏は西日と直射日光を避け、秋に誘引して仕立て直します。冬は凍結を避け、軒下などで保護を。

# ビジューマム

## 交配で生まれた新しい花

オススメ New 新品種

キク科マーガレット×ローダンセマム　多年草

鉢植え
庭植え
耐寒性
丈夫

1：赤みがあるローズピンクで一重咲きの花“**ガーネット**”
2：ピンク色で半八重咲きの“**ローズクォーツ**”

| | 1 | 2 | 3 | 4 | 5 | 6 | 7 | 8 | 9 | 10 | 11 | 12 |
|---|---|---|---|---|---|---|---|---|---|---|---|---|
| 開花期 | | | | | | | | | | | | |
| 置き場所 | | | | | | 日なた | | | | | | |
| 植えつけ・植え替え | | | | | | | | | | | | |
| 手入れ | | | 花がら摘み | | | | | | | | | |

マーガレットとローダンセマムの交配種として、世界ではじめて、静岡県が開発した新しい多年草です。マーガレットの花形にローダンセマムの耐寒性を併せ持ち、関東以西平野部なら屋外で冬越しできます。寒いうちから開花して梅雨時期までの長期間、開花が続きます。花壇や寄せ植えのアクセントのほか、鉢に植えて庭のポイントに飾るのもおすすめです。花色はピンクの濃淡で、花形は一重咲きと半八重咲きがあります。

オザキ流 選び方　2月頃から開花鉢やつぼみつきのポット苗が出回るので、入手して植えつけます。株元がぐらつかず、葉の緑色が濃くてきれいなものを選びます。分岐が多く、つぼみや花がたくさんついているものがおすすめです。

オザキ流 育て方　日当たりがよい場所を好みます。過湿が苦手なので、水はけのよい用土で植えつけます。花がらはこまめに摘み、開花期は月に2〜3回液肥を与えます。花に水がかからないよう乾燥気味に育てます。

1：濃いピンク色のつぼみがかわいいライスフラワー　2：つぼみが淡いピンク色のライスフラワーの白花種

オザキ流 育て方

梅雨から秋の長雨までは半日陰の軒下で、それ以外の時期は日当たりと風通しのよい、乾燥気味の場所で育てます。水はけのよい用土を使い、根鉢は崩さずに植えつけます。開花後に全体の1/2を切り戻します。冬は霜よけをします。

## ライスフラワー

### 米粒のようなつぼみがかわいい

キク科オゾタムヌス属　低木

オーストラリア原産で米粒のような形の花がかわいらしく、花もちもよいことから、切り花でも人気です。花色は白とピンク色が中心ですが、白といってもつぼみはほんのりとした淡いピンク色です。近年は濃いめのオレンジ色や赤、アプリコット色なども登場しています。乾燥させても花色の退色が少ないため、ドライフラワーとしても人気があります。つぼみの時期から楽しめるため観賞期が長いことも特徴です。

オザキ流 選び方

2月頃から多くのポット苗が出回るので、入手してひと回り大きな鉢に植え替えます。株元がぐらつかずに分枝が多く、つぼみが多いものがよいでしょう。葉色がきれいで下葉が傷んでいないものを選びます。

鉢植え　庭植え　環境・植え方に注意

| | 1 | 2 | 3 | 4 | 5 | 6 | 7 | 8 | 9 | 10 | 11 | 12 |
|---|---|---|---|---|---|---|---|---|---|---|---|---|
| 開花期 | | | | | | | | | | | | |
| 置き場所 | 日なた(軒下など) | | | 日なた | | | | 半日陰の軒下 | | 日なた | 日なた(軒下など) | |
| 植えつけ・植え替え | | | | | | | | | | | | |
| 手入れ | | | | | 切り戻し | | | | | | | |

1：赤く紅葉する斑入りの葉と、濃いピンク色の花の園芸品種“フィリーナ”　2：白い清楚な花が咲く、サザンクロスの白花種

オザキ流 育て方

乾燥気味を好むため、日当たりと風通しのよい場所に置き、梅雨から秋の長雨までは半日陰の軒下で育てます。酸性の用土を使います。3月か6～7月に全体の1/3を切り戻します。冬は軒下などで保護を。

## サザンクロス

### 南十字星を思わせる星形の花

ミカン科クロウエア属　低木

オーストラリア原産で、学名はクロウエアといい、サザンクロスは流通名です。花形は星形で、花色は白や、はっきりしたピンク色が中心ですが、近年は淡いピンク色の品種も登場しています。流通しているものは育種された交雑種が中心になっています。半耐寒性の常緑低木で、開花期が長いことも特徴です。水はけと水もちを兼ね備えた酸性の土壌を好むため、用土は鹿沼土とピートモスを等量混ぜたものを使うとよいでしょう。

オザキ流 選び方

2月頃から多くのポット苗が出回るので、入手してひと回り大きな鉢に植え替えます。株元がぐらつかずに分枝が多く、花やつぼみが多いものがよいでしょう。葉色がきれいで下葉が傷んでいないものを選びます。

鉢植え　庭植え　環境・植え方に注意

| | 1 | 2 | 3 | 4 | 5 | 6 | 7 | 8 | 9 | 10 | 11 | 12 |
|---|---|---|---|---|---|---|---|---|---|---|---|---|
| 開花期 | | | | | | | | | | | | |
| 置き場所 | 日なた(軒下など) | | | 日なた | | | 半日陰の軒下 | | | 日なた | 日なた(軒下など) | |
| 植えつけ・植え替え | | | | | | | | | | | | |
| 手入れ | | | 切り戻し | | | 切り戻し | | | | | | |

# マーガレット

清楚でかわいらしい春の花

キク科モクシュンギク属　低木

1：純白で開花期が長く、豪華な八重咲きの**“雪明り（ゆきあかり）”**　2：コンパクトな草丈で多花性、開花期間が長いピンク色の一重咲きの**“ローリー”**　3：バイカラーから鮮やかなローズピンクになり、徐々にライトピンクに変化する**“バブルガムブラスト”**
4：澄んだ赤色で立体的な八重咲きのボンザマーガレット**“ルビー”**

オススメ New 新品種

カナリア諸島原産のモクシュンギクの園芸品種とその交雑種で、関東以西平野部では、霜にあたらなければ屋外で冬越しできます。冬から春まで長期間花を咲かせますが、高温多湿が苦手なことから、梅雨時期から秋までは開花を休みます。

明治時代に導入されたのが白花で一重の園芸品種だったことから、現在まで一重の花がもっとも普及していますが、近年は八重咲きやポンポン咲き、半八重咲きなどもふえてきました。

オザキ流 選び方　11月から春にかけて流通しますが、2〜3月に多くのポット苗が出回ります。花色や花形がとても豊富です。いずれも節が詰まって株元の分岐が多く、どっしりした苗でつぼみの多いものを選びます。また、下葉を確認して葉が傷んでいないものを選びます。

鉢植え　庭植え　耐寒性　丈夫

| | 1 | 2 | 3 | 4 | 5 | 6 | 7 | 8 | 9 | 10 | 11 | 12 |
|---|---|---|---|---|---|---|---|---|---|---|---|---|
| 開花期 | | | | | | | | | | | | |
| 置き場所 | 軒下／室内 | | | 日なた | | | 半日陰 | | | 日なた | | 軒下／室内 |
| 植えつけ・植え替え | | | | | | | | | | | | |
| 手入れ | | | 花がら摘み | | | 切り戻し | | | 切り戻し | | 花がら摘み | |

花形では近年登場してきた八重咲きや半八重咲きのほか、従来の一重咲きも人気です。シンプルな一重咲きでも、花形のかわいらしさから、定番的に鉢花として飾る人がふえています。花色では遠くからでも目を引くはっきりした複色のほか、やわらかいアプリコット色やカフェオレのような茶色、アンティークな印象のあるニュアンスカラーの品種が多数作出されています。

オザキ流 育て方

日当たりのよい場所を好むため、開花中と秋は屋外の日なたで育てます。霜にあたると傷むため、冬は軒下に置くか霜よけをします。鉢植えなら、夜は無加温の室内に取り込んでもよいでしょう。

咲き終わった花をそのままにしておくと、カビが生えて病気の原因になります。こまめに花がらを取り除きましょう。花に水がかかると傷むことがあるため、水やりはできるだけ花にかけないように気をつけ、土が乾いたらたっぷりと与えます。肥料切れすると花数が減るので、開花中は月に2～3回薄めた液肥を与えましょう。梅雨入り前と秋に全体の1/3を切り戻し、ひと回り大きな鉢に植え替えます。夏は風通しがよく涼しい半日陰で管理し、西日が当たらないように気をつけ、水やりは控えめにして蒸れを防ぎます。

1

2

3

4

1：ピンクからアプリコット色まで色幅があり、長期間開花する“**シンプリーコーラル**” 2：静岡県が育種した、外弁が淡いピンクで中心がアンティークカラーの半八重咲きの花“**レディフレア**” 3：分枝がよくコンパクトにまとまり、ローズピンクに白のぼかしが入る“**スマッシュ ローズ＆ホワイト**” 4：コンパクトで花つきがよく、切り戻しをしなくてもまとまるボンザマーガレット“**レモンイエロー** ”

1：ニュアンスのあるアプリコット色で半八重咲きの“**レディフレア**”
2：中心部が盛り上がる立体的な八重咲きでピンク色の“**モモコ**”
3：糸のように細い葉で立体的な八重咲きの“**ダブル チェルシーガール**”

1

2

3

# ムラサキハナナ

春の野を紫色に染める花

アブラナ科オオアラセイトウ属　一年草

中国原産の強健な一年草で、紫色で十字形の花が房咲きになります。環境が合えば野原や線路脇などに、野生化して群生します。こぼれダネで毎年咲きます。

オザキ流選び方　2～3月につぼみつきの開花苗が出回ります。つぼみや花が多くて株元の分岐が多く、葉がきれいなものを選びます。

オザキ流育て方　日当たりがよく、水はけのよい場所なら土質は選びません。明るい傾斜地でよく育ちます。冬の寒さに当たると花芽が形成されます。軟弱になるため肥料は不要です。

鉢植え
庭植え
丈夫

| | 1 | 2 | 3 | 4 | 5 | 6 | 7 | 8 | 9 | 10 | 11 | 12 |
|---|---|---|---|---|---|---|---|---|---|---|---|---|
| 開花期 | | | | | | | | | | | | |
| 置き場所 | | | 日なた | | | | | | | | 日なた | |
| 植えつけ・植え替え | | | | | | | | | | | | |
| 手入れ | | | | 花がら摘み | | | | | | | | |

# フリージア

香りがよく、春を呼ぶ花

アヤメ科フリージア属　多年草（球根）

さわやかな芳香と明るい花色の球根花で、春を呼ぶ花として切り花でも人気です。黄色やオレンジ、ピンク、赤、白、紫の花色があり、八重咲き種もあります。

オザキ流選び方　秋から球根が流通しますが、2～3月には芽出し苗が出回ります。つぼみがふっくらして葉がきれいなものを選びます。

オザキ流育て方　日当たりのよい場所で育てます。用土が乾いたら水やりし、地上部がない期間は乾燥気味に管理します。開花中は花がらを摘み、薄めた液肥を与えます。

鉢植え
庭植え
耐寒性
丈夫

| | 1 | 2 | 3 | 4 | 5 | 6 | 7 | 8 | 9 | 10 | 11 | 12 |
|---|---|---|---|---|---|---|---|---|---|---|---|---|
| 開花期 | | | | | | | | | | | | |
| 置き場所 | | | | | | 日なた | | | | | | |
| 植えつけ・植え替え | | ポット苗 | | | | | | | 球根 | | | |
| 手入れ | | | 花がら摘み | | | 掘り上げて分球(3年に1回) | | | | | | |

# 原種シクラメン

野趣のある可憐な花形

サクラソウ科シクラメン属　多年草（球根）

園芸種とは違った野趣のある花形で、主に早春咲きのコウムと秋咲きのヘデリフォリウムが流通します。ともに庭植えならロックガーデンや落葉樹の木陰が適します。

オザキ流選び方　夏から球根が流通し、10月～翌年3月に開花株が出回ります。つぼみがふっくらして葉がきれいなものを選びます。

オザキ流育て方　秋から春は日当たりのよい場所で育てます。用土が乾いたら水やりし、地上部がない期間は乾燥気味に管理します。開花中は花がらを摘み、薄めた液肥を与えます。

鉢植え
庭植え
耐寒性
耐暑性
環境・植え方に注意

| | 1 | 2 | 3 | 4 | 5 | 6 | 7 | 8 | 9 | 10 | 11 | 12 |
|---|---|---|---|---|---|---|---|---|---|---|---|---|
| 開花期 | | コウム | | | | | | | | ヘデリフォリウム | | |
| 置き場所 | | | 日なた | | | | 半日陰 | | | | 日なた | |
| 植えつけ・植え替え | | | | | | コウム、ヘデリフォリウム | | | | | | |
| 手入れ | | | | | | 掘り上げて植え替え(2～3年に1度) | | | | | | |

# アークトチス

ほっそりした花弁が美しい

キク科アークトチス属　多年草（一年草扱い）

ガーベラに似ていますが、ほっそりとした花弁の花を長期間咲かせます。本来は多年草ですが、高温多湿に弱く、日本では一年草として扱います。

オザキ流選び方　2～3月からつぼみつきのポット苗が流通します。つぼみが多くて株元の分岐が多く、葉がきれいなものを選びます。

オザキ流育て方　日当たりと風通しのよい場所で乾燥気味に育て、2～4月は薄めた液肥を月に2～3回与えます。花がらは順次摘みますが、つぼみの茎が折れやすいので注意します。

鉢植え
庭植え
耐寒性

| | 1 | 2 | 3 | 4 | 5 | 6 | 7 | 8 | 9 | 10 | 11 | 12 |
|---|---|---|---|---|---|---|---|---|---|---|---|---|
| 開花期 | | | | | | | | | | | | |
| 置き場所 | | | | 日なた | | | | | | | | |
| 植えつけ・植え替え | | | | | | | | | | | | |
| 手入れ | | | | | 花がら摘み | | | | | | | |

# ペラルゴニウム

鉢で楽しみたい艶やかな花

フウロソウ科ペラルゴニウム属　多年草

1

2

1：細くて可憐なピンク色の花が咲き、秋まで長く開花する原種系の**“パールピンク”**　2：中心が白く抜けるローズピンクの大輪、**“フェアリーチュチュ チェリー”**

ゼラニウムの仲間で、ゼラニウムにはない鮮やかで大きめの花が咲く鉢花と、オーストラリアなどの原産で、小さな花が長期間咲く品種があります。

艶やかな鉢花は、南アフリカ原産のペラルゴニウム ククラツムとペラルゴニウム グランディフローラムを主な交配親として作出された園芸品種で、春のみの一季咲きです。上下の花弁に斑点が入るものや大きなフリルが入るものなど、遠くからでも目を引く鮮やかな花が多くあります。

花色は、ピンクや白、赤が中心で、白とピンクの複色なども人気です。黒に近い暗紫色などの園芸品種も登場しています。

原種系は、葉が小さくて縁に細かい切れ込みが入るものや、モミジのような葉形のものが多く、鉢花の園芸品種は、縁に細かい切れ込みがある、大きくて丸形の葉が主流です。

オザキ流 選び方

主な流通時期は春と秋ですが、特に2～5月に多くのポット苗が出回ります。花色や花形がとても豊富です。いずれも節が詰まって茎の分岐が多く、どっしりした苗で花やつぼみの多いものを選びます。まだ寒い時期に苗や開花鉢を入手した場合は適期になってから植えつけます。

オザキ流 育て方

直接雨が当たりにくい軒下で、日当たりと風通しのよい場所で育てます。冬は軒下で保護するか、霜よけをします。冬の寒さにあたらないと花芽ができないため、室内に取り込んではいけません。咲き終わった花をそのままにしておくと、カビが生えて病気の原因になるのでこまめに花がらを取り除きましょう。水やりは花にかけないように気をつけ、用土が乾いたらたっぷりと与えます。肥料切れすると花数が減るので、開花中は月に2～3回薄めた液肥を与えます。花後と秋に全体の1/3を切り戻し、ひと回り大きな鉢に植え替えます。真夏は半日陰に移動して水やりは控えめにし、蒸れを防ぎます。

1

2

3

4

1：ピンクと白の複色で、小輪多花性の**“グランパッソ”**
2：這い性で大きく広がり、長期間白い小花を咲かせる、原種のペラルゴニウム オーストラーレ　3：開花期が長く、花に甘い香りがある。原種系の**“ラベンダーラス”**　4：ゆるいフリルが入る大輪で、多花性、黒に近い暗紫色の**“アリストブラックベルベット”**

| | 1 | 2 | 3 | 4 | 5 | 6 | 7 | 8 | 9 | 10 | 11 | 12 |
|---|---|---|---|---|---|---|---|---|---|---|---|---|
| 開花期 | | | | | | | | | | | | |
| 置き場所 | 軒下 | | | | 日なた | | | 半日陰 | | 日なた | | 軒下 |
| 植えつけ・植え替え | | | | | | | | | | | | |
| 手入れ | | | | 花がら摘み | | | 切り戻し | | 切り戻し | | 花がら摘み | |

鉢植え

庭植え

環境・植え方に注意

# スミレ

## 春を告げる可憐な花

スミレ科スミレ属　多年草

1：小型で紫色の花が咲く日本自生のヒメスミレ　2：寒さに当たると濃い紫色の葉になるラブラドリカ

古くから親しまれ、日当たりのよい道端や草地、田畑のわきなどに生える姿を見かけます。スミレの仲間は世界中に分布しています。山野草として販売されていることも多く、日本に自生する種類のほか、海外の原種も多数導入されています。

秋から春まで濃い紫色の葉で、カラーリーフとしても活用されるラブラドリカは、寄せ植えや花壇の縁、グラウンドカバーにも人気です。ランナーを伸ばしてふえるパンダスミレはツタスミレとも呼ばれ、旺盛に伸びてグラウンドカバーにも使われます。香水の原料にされるほど香りがよい八重咲きスミレは、大きめの青紫色でボリュームがある花が多数咲きます。

原種系の中でも、白と青紫色が絞り状に混じり合う“コルビネ”は、大きめで美しい花が咲くことから人気があります。

オザキ流 選び方

10月から春にかけて流通しますが、2～3月に花つきのポット苗が出回ります。花色だけでなく葉形、ふえ方のタイプや用途を考えて品種を選びましょう。茎が太くて節が詰まり、株元の分岐が多く、充実したつぼみの多い苗を選びます。また、下葉を確認して茶色く傷んでいないものを選びます。

オザキ流 育て方

日当たりのよい場所を好むため、屋外の日なたで育てます。ポット苗は購入後、早めに根を切らないように植え替えます。根が長く伸びるため、鉢植えの場合は大きめの深い鉢を使います。

夏の高温多湿が苦手なので、鉢植えなら風通しがよい半日陰に移動するとよいでしょう。鉢植えは用土が乾いたら水をたっぷりと与えます。庭植えなら、一度根づいたあとはよほど乾燥しなければ必要ありません。用土は草花用の培養土で問題なく育ちます。花壇や庭植えでは、日当たりさえよければ肥料は与えません。肥料を与えすぎると草姿が乱れてしまうので気をつけます。タネをつけすぎると株が弱るため、花がらを摘みます。

| | 1 | 2 | 3 | 4 | 5 | 6 | 7 | 8 | 9 | 10 | 11 | 12 |
|---|---|---|---|---|---|---|---|---|---|---|---|---|
| 開花期 | | | | | | | | | | | | |
| 置き場所 | | | 日なた | | | | 半日陰 | | | | 日なた | |
| 植えつけ・植え替え | | | | | | | | | | | | |
| 手入れ | | | 花がら摘み | | | | | | | 花がら摘み | | |

鉢植え

庭植え

耐寒性

丈夫

1：赤紫の花が咲く、日本自生のスミレ　2：ランナーで旺盛に広がるパンダスミレ　3：花が大きめで美しい絞り咲きの**“コルビネ”**　4：とても香りがよい八重咲きニオイスミレ

# ハゴロモジャスミン

つる性でよい香りが漂う花

モクセイ科ソケイ属　花木(つる性)

庭植え　鉢植え　耐寒性　丈夫

中国原産のつる性花木で、春に強い芳香がある小花をたくさん咲かせます。花色は外側がピンクで内側は白色のものが中心ですが、白花種もあります。生育が旺盛でつるがよく伸び、成長すると2mを超しますが、鉢植えにしてあんどん仕立てにすれば低く抑えられます。ジャスミンの仲間の中では比較的寒さに強く、関東以西平野部では、屋外で冬越しできます。涼しげな斑入りの葉やライム色の品種もあります。

**オザキ流 選び方**　3月から春の間、開花鉢とポット苗がいろいろなサイズで出回ります。いずれもつるが太くて葉が美しく、節が詰まって株張りがよく、つぼみや花がたくさんついているものを選びましょう。

**オザキ流 育て方**　日当たりがよい場所で、鉢植えは水はけのよい用土に腐植質を混ぜ、用土が乾いたらたっぷりと水やりを。冬は寒風を避け、軒下などで保護を。花後すぐに1/3を切り戻し、秋に誘引して仕立て直します。

1

2

1：もっともよく流通する白い花が咲くハゴロモジャスミン　2：近縁種で芽出しがライム色、秋に紅葉する**“フィオナ・サンライズ”**

| | 1 | 2 | 3 | 4 | 5 | 6 | 7 | 8 | 9 | 10 | 11 | 12 |
|---|---|---|---|---|---|---|---|---|---|---|---|---|
| 開花期 | | | | | | | | | | | | |
| 置き場所 | | 日なた(軒下) | | | | | | 日なた | | | | 日なた(軒下) |
| 植えつけ・植え替え | | | | | | | | | | | | |
| 手入れ | | | | | | 切り戻し | | | | 誘引と仕立て | | |



# サイネリア

開花期が長い鮮やかな鉢花

キク科ペリカリス属　一年草

冬から春の間、カラフルな花が長く咲くことから、春の室内用の鉢花として親しまれています。園芸的にサイネリアやシネラリアと呼ばれていますが、ペリカリス属の植物です。数種類の原種を交雑して、草丈が低くてこんもりとたくさんの花が咲くようになりました。タネから育てる種子系の品種と挿し芽からふやす栄養系の品種がありますが、ともに無加温の室内で5度以上を保つように管理しましょう。

**オザキ流 選び方**　12月から春にかけて、開花鉢やつぼみつきのポット苗が出回ります。草丈が低くまとまり、節が詰まって茎が太く、株元の分岐が多いものがおすすめです。植えつけや植え替えは暖かくなってから行います。

1

2

1：野趣がある“桂華(けいか)”シリーズの青紫色の花
2：花もちがよく強健な、“桂華”シリーズのピンク色の花

**オザキ流 育て方**　無加温の室内の明るい窓辺に置き、水切れしないように気をつけて、用土が乾いたら株元にたっぷりと水やりします。開花期が長いため、月に2～3回は薄めた液肥を与えます。受け皿に水が溜まると根腐れするので気をつけましょう。

| | 1 | 2 | 3 | 4 | 5 | 6 | 7 | 8 | 9 | 10 | 11 | 12 |
|---|---|---|---|---|---|---|---|---|---|---|---|---|
| 開花期 | | | | | | | | | | | | |
| 置き場所 | | 室内 | | 日なた(軒下) | | | | | | | | 室内 |
| 植えつけ・植え替え | | | | | | | | | | | | |
| 手入れ | | | 花がら摘み | | | 切り戻し | | | | | | |

鉢植え　環境・植え方に注意

# デージー

小さくて愛らしい春の花

キク科ヒナギク属　多年草、一年草

1：白い一重咲きの清楚な花、基本種のイングリッシュデージー　2：ライトブルーの小花がよく咲く“アルムの空”

低く広がって野に咲くようなイメージの愛らしい小花を咲かせます。本来は夏に枯れる一年草ですが、育種が進んで耐暑性にすぐれ、石の周囲や水はけのよい半日陰や傾斜地など、涼しく夏越しできる環境に植えれば通年で生育できるタイプも登場しています。

花色は白、ピンク、赤、紫などが中心ですが、淡い紫やピンクのグラデーションも登場し、かわいらしい花色で人気があります。

花形は直径2㎝で小輪の一重咲きが基本ですが、直径3㎝の多弁咲きや、直径3～5㎝の中大輪で八重咲きやポンポン咲きのボリュームがある園芸品種も登場し、人気を集めています。花壇の前面や明るい通路の敷石の周囲、午前中に日が当たる斜面やロックガーデン、寄せ植えの手前などに植えるとよく育ち、愛らしい花が引き立って魅力を発揮します。

**オザキ流 育て方**　日当たりのよい場所で育てます。多年草のタイプは夏の蒸れが苦手なので、高温期は半日陰の軒下など、雨に当たらない場所に移動すると夏越しできます。用土は水はけと水もちを兼ね備えたものを好むため、赤玉土や草花用の培養土に腐葉土や堆肥を加えてよく混ぜて使います。

水切れを嫌うため、水やりは用土が乾いたらたっぷりと与えます。一年草タイプは、晩秋にポット苗を入手したら、植えつける際に緩効性化成肥料を植え穴の用土に混ぜ込みます。開花中は月に2～3回薄めた液肥を与えましょう。咲き終わった花は、こまめに花がらを茎のつけ根から取り除きましょう。

**オザキ流 選び方**　11月から春にかけて多くのポット苗が出回ります。花の大きさや咲き方を見て、好みのポット苗を購入するのがおすすめです。節が詰まって株元の分岐が多く、どっしりした苗でつぼみの多いものを選びます。また、葉を確認して株元の葉が茶色く傷んでいないものを選びます。

1：ポップなストライプカラーが目を引くデージー“キャンディポップ”　2：コンパクトな草丈で濃いピンクから淡いピンクまで色幅があるタイプのイングリッシュデージー　3：ピンクから白のグラデーションがあるポンポン咲きの“タッソーストロベリー＆クリーム”　4：明るい通路の周囲に植えたイングリッシュデージー

鉢植え　庭植え　耐寒性　丈夫

| | 1 | 2 | 3 | 4 | 5 | 6 | 7 | 8 | 9 | 10 | 11 | 12 |
|---|---|---|---|---|---|---|---|---|---|---|---|---|
| 開花期 | | | | | | | | | | | | |
| 置き場所 | | | 日なた | | | | 半日陰の軒下(多年草) | | | | 日なた | |
| 植えつけ・植え替え | | | | | | | | | | | | |
| 手入れ | | | 花がら摘み | | | | | | | | | |

# アルメリア

ボール状に集まった花がかわいい

イソマツ科カマカンザシ属　多年草（一年草扱い）



細く伸びた花茎の先にボール状に集まった小さな花が次々に咲き、その愛らしい姿が人気の草花です。花壇の前面や鉢植え、寄せ植えの手前にアクセントとして植えるほか、ロックガーデンや傾斜地などに向きます。もっとも多く流通するのはアルメリア マリチマで、中でもはっきりしたピンク色の花が人気です。近年は白花種や淡いピンクのほか、赤い花や斑入り葉などの園芸品種も登場していますが、やはり人気があって育てやすいのは、はっきりしたピンク色の花です。

多年草ですが、海岸の岩場や高山などの涼しくて水はけのよい場所に自生するため、梅雨時期から秋の長雨の時期の高温多湿に耐えられないことも多く、一年草として扱われることもあります。冬の寒さにあうと花芽ができて、春に開花します。

オザキ流 選び方　12月から春にかけて流通しますが、2～3月に多くのポット苗が出回ります。節が詰まって株元の分岐が多く、どっしりした苗でつぼみの多いものを選びます。また、下葉を確認して葉が茶色く傷んでいないものを選びます。

1

2

1：コンパクトな草丈の、アルメリア“**アルマダ**”の濃いピンクの花　2：花径がひと回り以上大きく、淡いピンクのポンポン咲きになる“**ピンクボール**”

1

2

3

4

1：大型で、花も葉も大きなタイプの“**ビーズルビー**”　2：コンパクトな草丈の品種、アルメリア“**アルマダ**”のパステルピンク　3：葉の幅が広く、花が大きなシュードアルメリア“**バレリーナ**”シリーズ　4：花が大きなシュードアルメリア“**バレリーナ**”シリーズの赤花種

オザキ流 育て方　日当たりと風通しのよい場所で育てます。夏の蒸れが苦手なので、高温期は半日陰の軒下など、雨に当たらない場所に移動します。用土は水はけのよいものを選びましょう。

水やりは、植えつけてから1～2週間は乾燥させないようにしますが、根づいてからは乾燥気味に管理します。鉢植えは用土が乾いたらたっぷりと与えます。咲き終わったら、花がらを茎のつけ根からこまめに取り除きましょう。10～11月に緩効性化成肥料を、2～4月に液肥を株元の用土に与えます。梅雨時期まで肥料が残っていると枯れる原因になるため、肥料を与える際は種類と与え方に注意しましょう。

| | 1 | 2 | 3 | 4 | 5 | 6 | 7 | 8 | 9 | 10 | 11 | 12 |
|---|---|---|---|---|---|---|---|---|---|---|---|---|
| 開花期 | | | | | | | | | | | | |
| 置き場所 | | | | 日なた | | | | 半日陰の軒下 | | | 日なた | |
| 植えつけ・植え替え | | | | | | | | | | | | |
| 手入れ | | | | 花がら摘み | | | | | | | | |

鉢植え

庭植え

耐寒性

丈夫

# バコパ

## かわいい花が株いっぱいに咲く

オオバコ科ステラ属
多年草（一年草扱い）

1：斑入りの美しい葉に白い花が咲くバコパ **“ライムバリエガータ”** 2：花が大きくて濃い鮮やかなピンク色の“**コピア**”シリーズ

這うように伸びる茎に小さな花がたくさん咲き、株を覆うほど広がります。寄せ植えの手前やハンギングバスケット、吊り鉢に植えるのがおすすめです。常緑の多年草ですが、日本では夏の暑さで枯れることが多く、ほぼ一年草扱いになっています。また、本来はステラ属ですが、近縁種のバコパ属の名前で流通しています。花色は、白、ピンク、青紫と、その複色が中心で、近年は花が2倍の大輪や八重咲きも登場しています。

**オザキ流 選び方** 9月頃から春にかけてポット苗が出回るので、入手して植えつけます。株元の茎が太くて分岐が多く、葉色が鮮やかできれいなものを選びます。また、花やつぼみがたくさんついているものがおすすめです。

**オザキ流 育て方** 日当たりがよい場所で、用土が乾いたらたっぷりと水やりします。植えつけ時に緩効性化成肥料を用土に混ぜ、開花期は月に1～2回液肥を与えます。夏前に茎を1/2に切り戻し、半日陰に移動します。

鉢植え
庭植え
耐寒性

| | 1 | 2 | 3 | 4 | 5 | 6 | 7 | 8 | 9 | 10 | 11 | 12 |
|---|---|---|---|---|---|---|---|---|---|---|---|---|
| 開花期 | | | | | | | | | | | | |
| 置き場所 | 軒下 | | | 日なた | | | | 半日陰 | | 日なた | | 軒下 |
| 植えつけ・植え替え | | | | | | | | | | | | |
| 手入れ | | | | | | 切り戻し | | | | | | |

# ワスレナグサ

## 野趣のある小花が可憐な花

ムラサキ科ワスレナグサ属
多年草（一年草扱い）

小さな花が楚々とした風情で咲き、古くから親しまれている花です。ヨーロッパでは多年草ですが、日本の高温多湿に耐えられないことから一年草として扱われています。花壇や寄せ植え、鉢植えにおすすめです。花色は人気があるブルーのほか、ピンクと白で、中心部に黄色や白の目が入ります。以前は花が小さいものが主流でしたが、近年は花弁が丸く整った大きめの花や、切り花向きの高性種なども登場しています。

**オザキ流 選び方** 早春から春にかけてポット苗が出回るので、入手して植えつけます。株元の茎が太くて分岐が多く、葉がピンとして張りがあり、下葉まできれいなものを選びます。また、花やつぼみがたくさんついているものがおすすめです。

1：大輪で整った丸い花弁が魅力で寒さに強い“**ミオマルク**” 2：楚々とした可憐な草姿で小さな花が咲く、ピンク色のワスレナグサ

**オザキ流 育て方** 日当たりと風通しがよい場所を好み、水切れを嫌います。植えつけ時、水もちのよい用土に緩効性化成肥料を混ぜます。タネをつけると花数が減るので、花が終わった花茎はつけ根から切ります。

鉢植え
庭植え
耐寒性

| | 1 | 2 | 3 | 4 | 5 | 6 | 7 | 8 | 9 | 10 | 11 | 12 |
|---|---|---|---|---|---|---|---|---|---|---|---|---|
| 開花期 | | | | | | | | | | | | |
| 置き場所 | | | 日なた | | | | | | | | 日なた | |
| 植えつけ・植え替え | | | | | | | | | | | | |
| 手入れ | | | 花がら摘み | | | | | | | | | |

# ルピナス

豪華な花穂が鮮やかな花

マメ科ルピナス属
多年草（一年草扱い）

フジを逆さまにしたような豪華な花穂で、「ノボリフジ」の名でも呼ばれることがあります。日本の夏の暑さに耐えられないため、ほぼ一年草として扱われます。

カラフルな花色で、白、赤、オレンジ、ピンク、黄色、紫などのはっきりした濃い色が主流でしたが、近年は二色咲きや淡いパステルカラーの品種も登場しています。また、花穂が太くて長い品種や葉が傘を広げたような形の種類も導入されています。

オザキ流 選び方　主に春にポット苗が出回ります。花色と咲き方、草姿のバランスを見て、好みのポット苗を購入するのがおすすめです。株元がぐらぐらしていない、節が詰まって下葉が傷んでいないものを選びましょう。

オザキ流 育て方　日当たりのよい場所を好み、植えつけ前に苦土石灰を混ぜて酸度調整します。肥料は控えめに。過湿を嫌いますが、水切れにも気をつけます。花穂は咲き終わったらつけ根で切ると次の花が咲きます。

1：草丈40cmほどでコンパクト、分枝がよい“ピクシーデライト”　2：発色がよい鮮やかな花色で花穂が太く長い“天までとどけ”

| | 1 | 2 | 3 | 4 | 5 | 6 | 7 | 8 | 9 | 10 | 11 | 12 |
|---|---|---|---|---|---|---|---|---|---|---|---|---|
| 開花期 | | | | | | | | | | | | |
| 置き場所 | | | 日なた | | | | | | | | 日なた | |
| 植えつけ・植え替え | | | | | | | | | | | | |
| 手入れ | | | | 花がら摘み | | | | | | | | |

鉢植え　庭植え　耐寒性　環境・植え方に注意

# オダマキ

ユニークな花形で親しまれる

キンポウゲ科オダマキ属　多年草

花苗として流通するものの多くはヨーロッパに分布するアクイレギア ブルガリスを元に育種したものです。日本の高山帯に自生するミヤマオダマキなどは、主に山野草として流通します。花色は紫と白、その複色のほか、ピンクや赤紫などが中心ですが、近年は淡いピンクや藤色など、パステル系の花色もふえています。一重で花の後ろ側に突き出した距（きょ）がある独特の花形が主流ですが、距がない八重咲きもあります。

オザキ流 選び方　春に花やつぼみがついたポット苗や鉢花が出回ります。花色と花形を見て、好みのポット苗を購入するのがおすすめです。つぼみがたくさんあり、茎が太くてしっかりした、節が詰まって株張りがよいものを選びます。

オザキ流 育て方　日当たりのよい場所に、水はけのよい用土で植えつけます。夏は半日陰に移動するとよいでしょう。肥料は開花期に液肥を月に2～3回与えます。花が終わったら花がらは花茎ごと切り取ります。

1：山野草としても流通するミヤマオダマキの白花種
2：八重咲きでパステルカラーの“タワーライトブルー”

| | 1 | 2 | 3 | 4 | 5 | 6 | 7 | 8 | 9 | 10 | 11 | 12 |
|---|---|---|---|---|---|---|---|---|---|---|---|---|
| 開花期 | | | | | | | | | | | | |
| 置き場所 | | | 日なた | | | | | 半日陰 | | | 日なた | |
| 植えつけ・植え替え | | | | | | | | | | | | |
| 手入れ | | | | 花がら摘み | | | | | | | | |

鉢植え　庭植え　耐寒性　丈夫

# アッツザクラ

## 冬から春に咲く可憐な花

キンバイザサ科ロードヒポキシス属
多年草(球根)

鉢植え　庭植え　耐寒性　丈夫

南アフリカ原産の球根花で、ピンク、赤、白の花色があり、八重咲き種もあります。掘り上げて乾燥させると傷むため、宿根草のように数年は植えたまま育てます。

オザキ流 選び方　11月から翌年4月までの長期間、開花鉢やポット苗が流通します。つぼみがふっくらして葉がきれいなものを選びます。

オザキ流 育て方　日当たりのよい場所で育てます。用土が乾いたらたっぷりと水やりし、地上部がない期間は乾燥気味に管理します。開花中は月に1～2回、薄めた液肥を与えます。

| | 1 | 2 | 3 | 4 | 5 | 6 | 7 | 8 | 9 | 10 | 11 | 12 |
|---|---|---|---|---|---|---|---|---|---|---|---|---|
| 開花期 | | | | | | | | | | | | |
| 置き場所 | | | 日なた | | | | | 半日陰 | | | 日なた | |
| 植えつけ・植え替え | | | | | | | | | | | | |
| 手入れ | | 花がら摘み | | 掘り上げて分球(3年に1回) | | | | | | | | |

# スズラン

## さわやかな香りで春を告げる

キジカクシ科スズラン属　多年草

鉢植え　庭植え　耐寒性　環境・植え方に注意

ふっくらしたベル形の花、よい香りで人気があります。主に流通するのはヨーロッパ原産のドイツスズランで、日本自生のスズランよりも大型で強健です。

オザキ流 選び方　2～3月につぼみつきの開花苗が出回ります。つぼみや花が多くて株元の分岐が多く、葉がきれいなものを選びます。

オザキ流 育て方　庭植えなら、夏に半日陰になる落葉樹の株元などに、腐葉土を多めに混ぜ込んで植えつけます。用土の表面が乾いたら水やりし、花が終わったら花茎から切ります。

| | 1 | 2 | 3 | 4 | 5 | 6 | 7 | 8 | 9 | 10 | 11 | 12 |
|---|---|---|---|---|---|---|---|---|---|---|---|---|
| 開花期 | | | | | | | | | | | | |
| 置き場所 | | | 日なた～半日陰 | | | | 半日陰 | | | | 日なた～半日陰 | |
| 植えつけ・植え替え | | | | | | | | | | | | |
| 手入れ | | | | 花がら摘み | | | | | | | | |

# スノーフレーク

## すらりとした葉にベル形の花

ヒガンバナ科スノーフレーク属
多年草(球根)

鉢植え　庭植え　耐寒性　丈夫

すらりと伸びた葉、先端には緑色の斑点が入る白いベル形の花が咲く球根花です。強健で耐寒性もあり、一度植えつけると毎年開花します。半日陰でも育ちます。

オザキ流 選び方　秋から球根が流通しますが、2～4月には芽出し苗が出回ります。つぼみがふっくらして葉がきれいなものを選びます。

オザキ流 育て方　日なた、または半日陰で育てます。用土が乾いたら水やりし、地上部がない期間は乾燥気味に管理します。花が終わったら花茎から切り、株が混み合ったら分球します。

| | 1 | 2 | 3 | 4 | 5 | 6 | 7 | 8 | 9 | 10 | 11 | 12 |
|---|---|---|---|---|---|---|---|---|---|---|---|---|
| 開花期 | | | | | | | | | | | | |
| 置き場所 | | | | | | 日なた～半日陰 | | | | | | |
| 植えつけ・植え替え | | ポット苗 | | | | | | | 球根 | | | |
| 手入れ | | | 花がら摘み | | 掘り上げて分球(4～5年に1回) | | | | | | | |

# リナリア

## カラフルでにぎやかな花

オオバコ科(旧ゴマノハグサ科)リナリア属
多年草、一年草

鉢植え　庭植え　耐寒性　丈夫

一年草のリナリア"エンチャントメント"

カラフルでにぎやかに咲く一年草のヒメキンギョソウと、楚々としたパステルカラーの花で宿根性のリナリア プルプレアがあります。庭や花壇、寄せ植えに。

オザキ流 選び方　3～4月につぼみつきの開花苗が出回ります。つぼみや花、株元の分岐が多く、葉がきれいなものを選びます。

オザキ流 育て方　日当たりと風通しがよい場所で、用土に苦土石灰を混ぜ込んでから植えます。用土が乾いたら水やりし、花が一段落したら切り戻すと、二番花が開花します。

| | 1 | 2 | 3 | 4 | 5 | 6 | 7 | 8 | 9 | 10 | 11 | 12 |
|---|---|---|---|---|---|---|---|---|---|---|---|---|
| 開花期 | | | | | | | | | | | | |
| 置き場所 | | | 日なた | | | | | | | | 日なた | |
| 植えつけ・植え替え | | | | | | | | | | | | |
| 手入れ | | | 花がら摘みと切り戻し | | | | | | | | | |

# デルフィニウム

## 長い花穂が優雅に伸びる

キンポウゲ科ヒエンソウ属　多年草（一年草扱い）



イングリッシュガーデンに植える草花として、バラにない青い花を組み合わせる名脇役の代表種にあげられるのがデルフィニウムです。遠くからでも目立つ豪華な花穂が高く伸びるので、とても見応えがあります。本来は宿根草ですが、日本では高温多湿の夏が苦手で、傷んで枯れてしまうことが多いため、冷涼な地域以外は、ほぼ一年草として扱われています。

主に流通するものには3系統があり、大きな花と長い花穂が豪華なエラータム系、野趣がある花が細い茎に咲くシネンセ系、これらの中間がベラドンナ系です。ゴージャスなエラータム系が人気ですが、切り花ではベラドンナ系が人気です。以前ははっきりした青い花が人気でしたが、近年はパステルブルーや淡いピンク、淡いアプリコット色などのニュアンスカラーが登場しており、従来のイメージを塗り替えています。

オザキ流 選び方

春と秋に苗が流通しますが、つぼみや花つきの開花苗は3～4月に出回ります。茎が太くて節が詰まり、株元の分岐が多く、充実したつぼみの多い苗を選びます。間延びしてひょろひょろしたものはうまく育たないことがあります。また、下葉を確認して黄色く傷んでいないものを選びます。

1

2

1：澄んだブルーの花が美しいベラドンナ系の**“アクアブルー”** 2：白い花に緑色のスポットが入る**“ミルキーミント”**

1 2

3

1：アンティークな淡いアプリコットの花が魅力の**“サマーモーニング”** 2：豪華な半八重咲きの花が咲くエラータム系の**“サマークラウド”** 3：愛媛県育成のシネンセ系で淡いパステルピンクの**“さくらひめ”**

オザキ流 育て方

日当たりと風通しがよく、水はけのよい場所を好みます。霜にあたると傷むため、霜よけやマルチングをします。

移植を嫌うため、ポット苗を植えつけるときは静かにポットから抜き、根鉢を崩さずにひと回り大きな植え穴を掘って植えつけます。用土にはあらかじめ、緩効性化成肥料を混ぜておきます。過湿にすると根腐れを起こすので、水はけのよい用土を使い、乾いてからたっぷりと水やりします。葉がふえてきたら月に2～3回、薄めた液肥を与えます。

一番花が終わりかけた頃、花がら摘みを兼ねて花茎を株元の近くで切り戻します。しばらくするとわき芽が伸び、二番花が咲きます。

| | 1 | 2 | 3 | 4 | 5 | 6 | 7 | 8 | 9 | 10 | 11 | 12 |
|---|---|---|---|---|---|---|---|---|---|---|---|---|
| 開花期 | | | | | | | | | | | | |
| 置き場所 | | | 日なた | | | | | | | | 日なた | |
| 植えつけ・植え替え | | | | | | | | | | | | |
| 手入れ | | | 花がら摘みと切り戻し | | | | | | | | | |

鉢植え

庭植え

耐寒性

環境・植え方に注意

# ラベンダー

リラックスする香りの花

シソ科ラヴァンドラ属　低木

1

2

オススメ New 新品種

1：淡いブルーの花のレースラベンダー“ミンティアイス”
2：春と秋の二季咲きラベンダー“センティヴィア ブルー”

リラックスする心地よい香りで人気がある、ハーブの仲間です。主に流通するのはイングリッシュラベンダーで、とても香りがよく、青紫色の小さな花が集まって穂状になっています。寒さには強いのですが高温多湿に弱いため、暖地での夏越しがしにくいのが難点でした。近年ではこの系統でも夏越ししやすい品種が登場しています。

暖地でも育てやすいのは、苞がウサギの耳のように立っているフレンチラベンダーや四季咲き性のあるデンタータ種、イングリッシュラベンダーとスパイクラベンダーを交雑したラバンディン種などがあります。ラバンディン種は比較的耐暑性があり、花の美しさと香りのよさも兼ね備えているため、育てやすくておすすめです。

花色は、青や青紫色が中心ですが、白花種やピンク花種もあります。

**オザキ流 選び方**　春と秋に流通しますが、2～4月に、花やつぼみがついたポット苗と開花鉢が出回ります。茎が太くて節が詰まり、どっしりとして株元の分岐が多く、充実したつぼみの多い苗を選びます。また、下葉を確認して黄色く傷んでいないものを選びます。

**オザキ流 育て方**　日当たりと風通しがよい場所を好むため、屋外の日なたで育てます。酸性の土壌を嫌うため、植えつけ前は用土に苦土石灰を混ぜておきます。用土は水はけのよいものを使い、乾いてからたっぷりと水やりします。過湿にすると根腐れを起こすので、鉢植えの場合は鉢皿の水は溜めずにすぐに捨てます。

肥料は植えつけ時に緩効性化成肥料を植え穴の用土に少量混ぜます。その後は収穫後にお礼肥として少量の肥料を株元の用土に混ぜて与えます。

開花後は収穫を兼ねて、全体の1/2まで切り戻し、夏に蒸れないように枝が密になっているところは透かすように切ります。

1

2

3

4

1：育てやすくて花が濃い赤紫色のフレンチラベンダー“バルセロナローズ”　2：イングリッシュラベンダーでも花が大きく、暑さや寒さに強い“ブルースピアー”　3：美しい斑入り葉のラベンダー“アラルディーメルロー”　4：大輪のフレンチラベンダー“ラヴェアンナ グランドパープル”

鉢植え　庭植え　耐寒性

| | 1 | 2 | 3 | 4 | 5 | 6 | 7 | 8 | 9 | 10 | 11 | 12 |
|---|---|---|---|---|---|---|---|---|---|---|---|---|
| 開花期 | | | | | | | | | 四季咲き種と二季咲き種 | | | |
| 置き場所 | | | | | | 日なた | | | | | | |
| 植えつけ・植え替え | | | | | | | | | | | | |
| 手入れ | | | | | | 花の収穫、切り戻し | | | | | | |

# カンパニュラ

ブルーや白のベル形の花

キキョウ科ホタルブクロ属　多年草、一年草・二年草

1：「ベルフラワー」と呼ばれるカンパニュラ ポルテンシュラギアナ　2：白花で八重咲きのカンパニュラ“**ホワイトライクミー**”

青紫色の小さな花が株いっぱいに咲き、「ベルフラワー」の名前で流通しているのが多年草のカンパニュラ ポルテンシュラギアナで、和名はオトメギキョウです。よく似た「ジューンベル」はカンパニュラ フラギリスで、花径は3～4㎝とポルテンシュラギアナに比べてひと回り大きく、茎の先端にキキョウに似た花を咲かせます。鉢花では、花のかわいらしさから、この2つに人気があります。

カンパニュラの仲間には、高性で庭植え向きのものもあります。ふっくらとした大きなベル形の花で高さ1m近くにもなる一・二年草のカンパニュラ メディウムや、モモバギキョウの和名があるカンパニュラ パーシフォリアなどがあります。また、同じ高性種には旗竿ギキョウの和名があるカンパニュラ ラプンクロイデスもあります。

1：ひと回り大きな花で白と紫の二色咲きの“**ファンシーミー**”　2：大輪で花弁の先が薄紫色のカンパニュラ パーシフォリア“**チェトルチャーム**”

**オザキ流 選び方**　秋から春にかけて花やつぼみつきのポット苗や開花鉢が出回ります。手軽なのは2～5月に流通する、しっかり育った開花鉢を購入することです。茎が太くてどっしりした株でつぼみが多く、株元の分岐が多いものを選びます。高性種なら、株元がぐらぐらしていない、茎が太くて節間が詰まったものを。

**オザキ流 育て方**　ポット苗や開花鉢は根鉢を崩さずに植えつけ、日当たりと風通しのよい場所で育てます。水やりは、用土が乾いてから与え、庭植えは一度根づけばよほどの乾燥にならない限り、水やりしなくても大丈夫です。鉢植えは夏の間は半日陰に移動し、西日が当たらないように気をつけます。根腐れしないように、過湿にしないため、鉢植えはこまめに鉢皿の水を捨てましょう。

水はけのよい用土を好むため、市販の山野草用の用土を使ってもよいでしょう。水はけのよいものを使い、乾いたらたっぷりと与えます。花がらをそのままにしておくと病気の原因になるため、花後は花がらを取り除きます。開花中はときどき液肥を与えます。

| | 1 | 2 | 3 | 4 | 5 | 6 | 7 | 8 | 9 | 10 | 11 | 12 |
|---|---|---|---|---|---|---|---|---|---|---|---|---|
| 開花期 | | | | | | | | | | | | |
| 置き場所 | | | 日なた | | | | 半日陰（一部） | | | | 日なた | |
| 植えつけ・植え替え | | | | | | | | | | | | |
| 手入れ | | | | 花がら摘み、支柱立て（一部） | | | | | | | | |

鉢植え

庭植え

耐寒性

丈夫

# ネメシア

甘い香りで長く開花する

ゴマノハグサ科ネメシア属　多年草、一年草

1：白い大きめの花、宿根ネメシア**“アレンジホワイト”** 2：パステルカラーが可憐なネメシア　アロマンス**“ハニーピーチ”**
3：濃い紫色と黄色、淡い紫の**“ブルーベリーパイ”** 4：細く反り返る花弁が愛らしい**“マスカレード”**

小さな赤や黄色、白などの鮮やかな花を咲かせる一年草の品種が主流でしたが、耐寒性も耐暑性もある宿根ネメシアと呼ばれる種類が登場し、人気になっています。はじめは淡いピンクや白、薄い黄色くらいだった花色も育種が進むにつれてふえてきて、近年ではダークブルーやシックな暗紫色のほか、濃いピンクと薄いピンクの間に黄色が入る三色咲き、赤紫にオレンジと黄色といった花色も登場しています。

オザキ流 選び方　主に春と秋にポット苗が流通しますが、2〜3月に花やつぼみつきのポット苗が多く出回ります。花色が豊富なので、好きな花を見つけてポット苗を購入するのがおすすめです。いずれも節が詰まって株元の分岐が多く、どっしりした苗でつぼみの多いものを選びます。また、下葉を確認して葉が傷んでいないものを選びます。

庭植え
鉢植え
耐寒性
耐暑性
丈夫

花色で注目されているのは、何といってもダークカラーで、特に暗青色の“メーテル ミッドナイトブルー ”の登場はネメシアのイメージを大きく変えました。複色咲きの中では“チョコバナナ”が印象的で、遠くから見ると黄色い花の中心にチョコレートがかかっているように見えます。ベリー系の果実を思わせる鮮やかな濃淡のピンクの組み合わせの“ベリー ストロベリー ”なども目を引く花色です。

**オザキ流 育て方** 日当たりのよい場所を好むため、開花中と秋は屋外の日なたで育てます。霜に当たると傷むため、冬は軒下や霜よけをします。花壇の前面のほか、ロックガーデンにも向きます。

水やりは、用土が乾いたらたっぷりと与えます。鉢植えは、開花中は月に1～2回薄めた液肥を与えますが、肥料を与えすぎると徒長して倒れやすくなるので気をつけます。咲き終わった花をそのままにしておくと病気の原因になるため、こまめに摘み取ります。梅雨入り前と秋に全体の1/2を切り戻します。混み合ってきたら秋に切り戻したときに株分けして植え替えます。夏は風通しがよい涼しい半日陰での管理がおすすめです。水やりは控えめにして蒸れを防ぎます。

1：香りが強く、暗青色で宿根性の“**メーテル ミッドナイトブルー** ”
2：甘い香りがあり、宿根性で複雑な色彩が印象的な“**チョコバナナ**”

1

1：ライムグリーンの斑入り葉に淡いピンクの花が映える宿根性のネメシア
2：耐寒性があり、淡いラベンダーカラーで宿根性の“**アレンジ ラベンダー** ”
3：濃いローズピンクに黄色、薄いピンクの三色咲き、“**ベリー ストロベリー** ”
4：花が大きく、黄色と白の二色咲きの “**レモンスカッシュ** ”
5：クリーム色の花の中心にイエローアイが入る“**クリームパイ**”

# ハナニラ

低く一面に咲く星形の花

ネギ科ハナニラ属　多年草（球根）

庭植え　鉢植え　耐寒性　耐暑性　丈夫

細い葉を低く茂らせて星形の花を一面に咲かせる、強健で育てやすい球根花です。もっとも多く流通するのはユニフローラで、植えっぱなしでも毎年ふえて、よく花が咲きます。日当たりがよい場所から半日陰でも育ち、耐寒性も耐暑性もあるため、半日陰のグラウンドカバーにも向きます。花色は白のほか、ピンクや淡い紫色と濃い青紫色もあり、近年ではふっくらとしたひと回り大きな花が咲く品種も登場しています。なお、ハナニラは有毒で食べられません。

**オザキ流 選び方**　球根は9月から流通しますが、2～3月に芽出しのポット苗が出回ります。ポット苗を入手して植え替えるのが手軽でおすすめです。葉が伸びすぎていない、つぼみの多いもので、下葉が傷んでいない、緑がきれいなものを選びます。

| | 1 | 2 | 3 | 4 | 5 | 6 | 7 | 8 | 9 | 10 | 11 | 12 |
|---|---|---|---|---|---|---|---|---|---|---|---|---|
| 開花期 | | | | | | | | | | | | |
| 置き場所 | | | | | | 日なた~半日陰 | | | | | | |
| 植えつけ・植え替え | | ポット苗 | | | | | | | | 球根 | | |
| 手入れ | | | 花がら摘み | | | | | | | 掘り上げ(3~5年に1回) | | |

1：大輪ですっきりした白花の**“スプリングホワイトスター”**
2：花がやや大きく、これまでにない濃い青花のイフェイオン**“ジェシー”**

**オザキ流 育て方**　球根は10～11月に水はけのよい用土で日当たりのよい場所に植えます。鉢植えは用土が乾いたらたっぷりと水を与えます。初夏に葉が枯れた後は水やりの必要はありません。混み合ったら3～5年に1度秋に植え替えます。

# 初恋草（はつこいそう）

ひらひらした小花がかわいい

クサトベラ科レシュノルティア属　多年草、低木

鉢植え　庭植え　環境・植え方に注意

1：オレンジがかった濃いピンクのレシュノルティア**“セシルスイート”**　2：ニュアンスのあるパステルピンクのレシュノルティア**“メルローズ”**

| | 1 | 2 | 3 | 4 | 5 | 6 | 7 | 8 | 9 | 10 | 11 | 12 |
|---|---|---|---|---|---|---|---|---|---|---|---|---|
| 開花期 | | | | | | | | | | | | |
| 置き場所 | 日なた(軒下など) | | | 日なた | | | 半日陰 | | | 日なた | 日なた(軒下など) | |
| 植えつけ・植え替え | | | | | | | | | | | | |
| 手入れ | | | 花がら摘み | | | 切り戻し | | | | | 花がら摘み | |

オーストラリア原産で、学名はレシュノルティアといい、初恋草は流通名です。花形はひらひらとした平開形で、花色はコバルトブルーとオレンジやピンク色、それらの複色が中心ですが、近年は淡いパステルカラーの品種も登場しています。流通しているものはレシュノルティア・ビローバの園芸品種が中心になっています。半耐寒性の常緑低木で、開花期が長いことも特徴です。高温多湿に弱く、日本では短命です。

**オザキ流 選び方**　10月頃から多くの開花株が出回るので、入手してひと回り大きな鉢に植え替えます。株元の分枝が多く、花やつぼみが多いもので、葉色がきれいで下葉が傷んでないものを選びます。青花種は草姿が乱れやすいです。

**オザキ流 育て方**　多湿に弱いので日当たりと風通しのよい場所に置き、梅雨から秋の長雨までは軒下で育て、夜間照明がある場所も避けます。水はけのよい用土を使い、花がらはこまめに摘み取ります。花後に1/3を切り戻します。冬は軒下に置くか霜よけをします。

# オキナグサ

タネの姿が老人の白髪に似る

キンポウゲ科オキナグサ属　多年草

セイヨウオキナグサ

短い毛で覆われた赤紫色や紫色の花で、高温多湿に弱いため鉢植えで育て、庭植えならロックガーデンに向きます。日本の自生種より外来種のほうが丈夫です。

オザキ流 選び方　2〜3月につぼみつきの開花苗が出回ります。つぼみや花が多くて株元の分岐が多く、葉がきれいなものを選びます。

オザキ流 育て方　日当たりのよい場所で水はけのよい用土で乾燥気味に育て、夏は半日陰に移動します。花後は花茎を摘み、春と秋は月に1〜2回薄めた液肥を与えます。

| | 1 | 2 | 3 | 4 | 5 | 6 | 7 | 8 | 9 | 10 | 11 | 12 |
|---|---|---|---|---|---|---|---|---|---|---|---|---|
| 開花期 | | | | | | | | | | | | |
| 置き場所 | | | 日なた | | | | 半日陰の軒下 | | | | 日なた | |
| 植えつけ・植え替え | | | | | | | | | | | | |
| 手入れ | | | | 花がら摘み | | | | | | | | |

鉢植え　庭植え　耐寒性

# ラミウム

葉が美しいカバープランツ

シソ科ラミウム属　多年草

美しい葉が地面を這うように広がり、花壇や寄せ植えの前面やハンギングバスケット、通路脇などにも向きます。明るい半日陰を好み、春に小さな花も咲きます。

オザキ流 選び方　春と秋にポット苗が流通します。節間が詰まって株元の分岐が多く、葉がきれいなものを選びます。

オザキ流 育て方　水はけのよい明るい半日陰で育て、水はけが悪い場合は腐葉土や堆肥を混ぜ込んで植えつけます。花がらは順次摘み、梅雨前に伸びすぎた茎を切り戻します。

| | 1 | 2 | 3 | 4 | 5 | 6 | 7 | 8 | 9 | 10 | 11 | 12 |
|---|---|---|---|---|---|---|---|---|---|---|---|---|
| 開花期 | | | | | | | | | | | | |
| 置き場所 | | | | | | 明るい半日陰 | | | | | | |
| 植えつけ・植え替え | | | | | | | | | | | | |
| 手入れ | | | 花がら摘み | | 切り戻し | | | | | | | |

鉢植え　庭植え　耐寒性　丈夫

# ハナビシソウ

暖色系で野趣がある可憐な花

ケシ科ハナビシソウ属　一年草

北米に自生するワイルドフラワーで、オレンジや黄色の花が主流です。開花期が長く、丈夫で手間がかかりません。晴天で開花し、曇天では花が閉じます。

オザキ流 選び方　2〜4月につぼみつきの開花苗が出回ります。つぼみや花が多くて株元の分岐が多く、葉がきれいなものを選びます。

オザキ流 育て方　日当たりがよく水はけのよい場所に、事前に苦土石灰を混ぜてから植えつけます。庭植えでは根づいたら水やりしなくても育ちます。軟弱になるため肥料は不要です。

| | 1 | 2 | 3 | 4 | 5 | 6 | 7 | 8 | 9 | 10 | 11 | 12 |
|---|---|---|---|---|---|---|---|---|---|---|---|---|
| 開花期 | | | | | | | | | | | | |
| 置き場所 | | | 日なた | | | | | | | | 日なた | |
| 植えつけ・植え替え | | | | | | | | | | | | |
| 手入れ | | | | 花がら摘み | | | | | | | | |

鉢植え　庭植え　耐寒性

# カロライナジャスミン

つる性で黄色い花が咲く

ゲルセミウム科ゲルセミウム属　花木(つる性)

北アメリカ原産のつる性花木で、春に芳香がある黄色い花をたくさん咲かせます。生育が旺盛で成長すると7mを超しますが、鉢植えにすれば低く抑えられます。

オザキ流 選び方　2月から開花鉢とポット苗がいろいろなサイズで出回ります。つるが太くてつぼみや花が多くついているものを選びます。

オザキ流 育て方　日当たりがよい場所を好み、用土が乾いたらたっぷりと水やりします。冬は寒風を避け、乾かし気味に管理します。花後に1/3を切り戻して仕立て直します。

| | 1 | 2 | 3 | 4 | 5 | 6 | 7 | 8 | 9 | 10 | 11 | 12 |
|---|---|---|---|---|---|---|---|---|---|---|---|---|
| 開花期 | | | | | | | | | | | | |
| 置き場所 | 日なた(軒下) | | | | | | 日なた | | | 日なた(軒下) | | |
| 植えつけ・植え替え | | | | | | | | | | | | |
| 手入れ | | | | | | | 切り戻し | | | | | |

庭植え　鉢植え　耐暑性　丈夫

# エリシマム

## 芳香のある花が集まって咲く

アブラナ科エリシマム属
一年草、二年草、多年草

1：低木状になり、明るい紫色の花が美しい**“ボーレスモーブ”** 2：ニオイアワセイトウとも呼ばれるエリシマム　ケイリー 3：エリシマム・リニフォリウム**“プルプレウム”** 4：ニュアンスカラーのエリシマム**“パステルパッチワーク”**

鉢植え
庭植え
耐寒性

| | 1 | 2 | 3 | 4 | 5 | 6 | 7 | 8 | 9 | 10 | 11 | 12 |
|---|---|---|---|---|---|---|---|---|---|---|---|---|
| 開花期 | | | | | | | | | | | | |
| 置き場所 | | | | | | 日なた | | | | | | |
| 植えつけ・植え替え | | | | | | | | | | | | |
| 手入れ | | | 花がら摘み | | | | | | | | 花がら摘み | |

エリシマムとして流通するのは、和名でニオイアラセイトウと呼ばれるエリシマム　ケイリーで、以前はチェイランサス属とされていたため、苗のタグに旧属名が表示されているものもあります。石垣の隙間などでもよく育つため、「ウォールフラワー」という英名があります。エリシマム　リニフォリウムは、ほっそりとした草姿で斑入り葉の品種があり、紫色の花を咲かせる“プルプレウム”も人気があります。

**オザキ流 選び方** 10～11月と3～4月に多くのポット苗が出回るので、入手して植えつけます。株元の茎が太くて分岐が多く、葉の緑色が濃くてきれいなものを選びます。株の中心につぼみがたくさんついているものがおすすめです。

**オザキ流 育て方** 日当たりと風通しがよい場所を好みます。蒸れが苦手なので、水はけのよい用土で植えつけます。肥料はあまり必要としません。咲き終わった花をこまめに摘み、花茎をつけ根で切ると、わき芽が出て次の花を咲かせます。

# イベリス

## 繊細な花が集まって咲く

アブラナ科イベリス属　多年草、一年草

スペインのあるイベリア半島の名に由来した名前で、小さな花が半球状に集まって咲きます。

一年草ではアマラ種とウンベラータ種が多く流通し、多年草ではトキワナズナの和名があるセンペルビレンス種が人気です。特にセンペルビレンス種は常緑性で耐寒性があり、花房が大きいことから見応えがあるので、花壇や寄せ植えの前面にするときれいです。これまでは白花しかありませんでしたが、近年ではソフトピンクの花も登場しています。

**オザキ流 選び方** 主に春と秋に流通しますが、春に多くのポット苗が出回ります。花色や花つきを見て、好みのポット苗を購入するのがおすすめです。株元の分岐が多くて株張りがよく、花やつぼみが多くて葉がきれいなものを選びましょう。

鉢植え
庭植え
耐寒性
丈夫

| | 1 | 2 | 3 | 4 | 5 | 6 | 7 | 8 | 9 | 10 | 11 | 12 |
|---|---|---|---|---|---|---|---|---|---|---|---|---|
| 開花期 | | | | | | | | | | | | |
| 置き場所 | | | 日なた | | | | | 半日陰 | | | 日なた | |
| 植えつけ・植え替え | | | | | | | | | | | | |
| 手入れ | | | | 花がら摘み | | | | | | 花がら摘みと切り戻し | | |

1：常緑性の葉に白く大きな花房がつく**“ブライダルブーケ”**
2：ソフトピンクで耐寒性も耐暑性もある**“スイートハート”**

**オザキ流 育て方** 日当たりと風通しのよい場所に、水はけのよい用土で植えつけます。夏は半日陰の軒下に移動します。肥料は春と秋に少量を与え、夏に肥料があると傷むため6月以降に肥料が残らないようにします。花がらとともに全体の1/3を切り戻します。

オススメ New 新品種

## ニゲラ

糸状の苞が花を取り囲む

キンポウゲ科クロタネソウ属　一年草

南ヨーロッパ原産の一年草で、花を包むように糸状の苞があります。一重咲きの青花が人気で、白やピンクもあります。強健でこぼれダネでもふえます。

オザキ流 選び方　秋にポット苗が流通し、3～4月につぼみつきの開花苗が出回ります。分岐が多く、つぼみや花が多いものを選びます。

オザキ流 育て方　秋か春に植えつけます。日当たりがよく、水はけのよい場所で乾燥気味に育て、軟弱になるため肥料は少なめにします。花後に果実を収穫してドライフラワーに。

| | 1 | 2 | 3 | 4 | 5 | 6 | 7 | 8 | 9 | 10 | 11 | 12 |
|---|---|---|---|---|---|---|---|---|---|---|---|---|
| 開花期 | | | | | | | | | | | | |
| 置き場所 | | | 日なた | | | | | | | | 日なた | |
| 植えつけ・植え替え | | | | | | | | | | | | |
| 手入れ | | | | 収穫（ドライフラワー） | | | | | | | | |

鉢植え　庭植え　耐寒性

オススメ New 新品種

## オルラヤ

レースのように繊細な花

セリ科オルラヤ属　一年草

地中海沿岸地域原産で、白いレースのような花と繊細な葉が人気です。耐寒性があり、強健で初心者でも育てやすく、こぼれダネで毎年咲きます。

オザキ流 選び方　春につぼみつきの開花苗が出回ります。つぼみや花が多くて株元の分岐が多く、葉がきれいなものを選びます。

オザキ流 育て方　日当たりがよく水はけのよい場所なら土質は選びません。植えつけ時に緩効性化成肥料を植え穴の用土に混ぜます。咲き終わった花は花茎から切ると開花が続きます。

| | 1 | 2 | 3 | 4 | 5 | 6 | 7 | 8 | 9 | 10 | 11 | 12 |
|---|---|---|---|---|---|---|---|---|---|---|---|---|
| 開花期 | | | | | | | | | | | | |
| 置き場所 | | | 日なた | | | | | | | | 日なた | |
| 植えつけ・植え替え | | | | | | | | | | | | |
| 手入れ | | | | 花がら摘み | | | | | | | | |

鉢植え　庭植え　耐寒性　丈夫

## アンチューサ

可憐で色鮮やかな小花

ムラサキ科ウシノシタグサ属　多年草（一・二年草扱い）

ヨーロッパからアフリカ原産で、小花が多数咲きます。多年草の種類もありますが、高温多湿に弱いため日本では一・二年草扱いになっています。

オザキ流 選び方　秋か春にポット苗や開花苗が出回ります。つぼみや花が多くて株元の分岐が多く、葉がきれいなものを選びます。

オザキ流 育て方　秋か春に植えつけます。日当たりがよく、水はけのよい場所で乾燥気味に育てます。植えつけ時に緩効性化成肥料を植え穴の用土に混ぜます。追肥は不要です。

| | 1 | 2 | 3 | 4 | 5 | 6 | 7 | 8 | 9 | 10 | 11 | 12 |
|---|---|---|---|---|---|---|---|---|---|---|---|---|
| 開花期 | | | | | | | | | | | | |
| 置き場所 | | | | | | 日なた | | | | | | |
| 植えつけ・植え替え | | | | | | | | | | | | |
| 手入れ | | | | 花がら摘み | | | | | | | | |

鉢植え　庭植え　耐寒性

## ミヤコワスレ

草丈が低く咲く愛らしい花

キク科ミヤマヨメナ属　多年草

紫や白、ピンクの花が20～30cmの高さで一面に咲きます。花後の株元に短縮茎を作り、ロゼット状になって夏越しし、翌年の春に花茎を伸ばします。

オザキ流 選び方　2～3月につぼみつきの開花苗が出回ります。つぼみや花が多くて株元の分岐が多く、葉がきれいなものを選びます。

オザキ流 育て方　春と秋は日当たりのよい場所で育て、夏は半日陰に移動します。鉢植えは春に少量の緩効性肥料を与えます。開花期は花がらを摘み、梅雨前に花茎を切り戻します。

| | 1 | 2 | 3 | 4 | 5 | 6 | 7 | 8 | 9 | 10 | 11 | 12 |
|---|---|---|---|---|---|---|---|---|---|---|---|---|
| 開花期 | | | | | | | | | | | | |
| 置き場所 | | | 日なた | | | | | 半日陰 | | | 日なた | |
| 植えつけ・植え替え | | | | | | | | | | | | |
| 手入れ | | | 花がら摘みと切り戻し | | | | | | | | | |

鉢植え　庭植え　耐寒性　丈夫

# ヒナソウ

## 愛らしい小花をマット状に咲かせる

アカネ科ヒナソウ属
多年草

鉢植え
庭植え
耐寒性
丈夫

1：ヒナソウの白花種　2：多く流通する淡いブルー　3：濃い青紫色の花

| | 1 | 2 | 3 | 4 | 5 | 6 | 7 | 8 | 9 | 10 | 11 | 12 |
|---|---|---|---|---|---|---|---|---|---|---|---|---|
| 開花期 | | | | | | | | | | | | |
| 置き場所 | | | 日なた | | | | | 半日陰 | | | 日なた | |
| 植えつけ・植え替え | | | | | | | | | | | | |
| 手入れ | | | 花がら摘み | | | | | | | | | |

北米原産の常緑の多年草で、水はけのよい草原や開けた場所に自生します。小さな十字形の花で、花径は5mmですが、たくさん集まって咲くと見応えがあります。花色は白、淡いブルー、濃い青紫色で、中央に黄色が入るところがチャーミングです。

耐寒性があり、ある程度の耐暑性もあるのですが、日本の高温多湿の夏は苦手なので、夏越しができずに短命に終わることもあります。夏はできるだけ涼しく過ごさせます。

**オザキ流 選び方**　主に春と秋に流通しますが、春に開花鉢やつぼみつきのポット苗が出回ります。花色と葉色のバランスを見て、好みのポット苗を購入するのがおすすめです。いずれも株張りがよく、葉がきれいなものを選びましょう。

**オザキ流 育て方**　鉢植えがおすすめで、日当たりのよい場所を好み、水はけのよい用土で植えつけます。夏は半日陰に移動するとよいでしょう。肥料は開花期に薄めた液肥を月に1～2回与えます。花がらはこまめに摘み取ります。

# ベニジウム

## 花の中心部が濃い茶色に染まる

キク科ベニジウム属
一年草

鉢植え
庭植え
環境・植え方に注意

1：輝くようなベニジウムのオレンジ色の花　2：濃い茶色の目がポイントの白花種

| | 1 | 2 | 3 | 4 | 5 | 6 | 7 | 8 | 9 | 10 | 11 | 12 |
|---|---|---|---|---|---|---|---|---|---|---|---|---|
| 開花期 | | | | | | | | | | | | |
| 置き場所 | | | | 日なた | | | | | | | | |
| 植えつけ・植え替え | | | | | | | | | | | | |
| 手入れ | | | | 花がら摘み | | | | | | | | |

黄色やオレンジ色、クリーム色の大輪で花径は7～8cm、中心部が濃い茶色の花が咲く一年草です。カンザキジャノメギクという和名もあります。開花期が長く、遠くからでも目を引く花なので、花壇や寄せ植えのアクセントに向いています。葉や茎など、全体に細かく白い毛が生えているのも特徴です。夜や天気が悪い日は花を閉じます。高温多湿が苦手なため、梅雨の蒸れで傷んで枯れてしまいます。

**オザキ流 選び方**　2～3月頃からつぼみや花がついたポット苗が出回るので、入手して植えつけます。茎が太くて葉の数が多く、葉の緑色が濃くてきれいなものを選びます。株の中心につぼみがたくさんついているものがおすすめです。

**オザキ流 育て方**　日当たりがよい場所を好みます。過湿が苦手なので、水はけのよい用土で植えつけます。水やりは、用土が乾いたらたっぷりと与えます。咲き終わった花をこまめに摘むと次々と花が咲き、開花期が長くなります。

## エロディウム

ふわっと咲く愛らしい花

フウロソウ科エロディウム属　多年草

小さな葉がマット状に広がって盃形の小花を咲かせるバリアビレ種は、「姫フウロ」の名で流通します。ペラルゴニフローラム（写真）は白い花弁に赤紫の模様が入ります。

オザキ流 選び方　2〜3月からつぼみつきのポット苗が流通します。つぼみが多くて株元の分岐が多く、葉がきれいなものを選びます。

オザキ流 育て方　日当たりと風通しのよい場所で、水はけのよい用土を使って乾燥気味に育て、開花中は薄めた液肥を月に2〜3回与えます。花がらは順次摘み取ります。

| | 1 | 2 | 3 | 4 | 5 | 6 | 7 | 8 | 9 | 10 | 11 | 12 |
|---|---|---|---|---|---|---|---|---|---|---|---|---|
| 開花期 | | | | | | | | | | | | |
| 置き場所 | | | | | | 日なた | | | | | | |
| 植えつけ・植え替え | | | | | | | | | | | | |
| 手入れ | | | | | 花がら摘み | | | | 花がら摘み | | | |

鉢植え　庭植え　耐寒性

## ケマンソウ

春に咲くユニークな形の花

ケシ科ケマンソウ属　多年草

独特な花を吊り下げる草姿からタイツリソウとも呼ばれます。根はゴボウのように長く伸びます。花色は白とピンクの複色があり、黄緑色の葉の品種もあります。

オザキ流 選び方　2〜3月につぼみつきの開花苗が出回ります。つぼみや花が多くて茎が太く、葉がきれいなものを選びます。

オザキ流 育て方　落葉樹の木陰か明るい半日陰でやや湿り気がある場所を好み、用土が乾いたら水やりします。花後は花茎で切り戻し、薄めた液肥を与えます。夏から休眠します。

| | 1 | 2 | 3 | 4 | 5 | 6 | 7 | 8 | 9 | 10 | 11 | 12 |
|---|---|---|---|---|---|---|---|---|---|---|---|---|
| 開花期 | | | | | | | | | | | | |
| 置き場所 | | | 明るい半日陰 | | | | 半日陰 | | | | 明るい半日陰 | |
| 植えつけ・植え替え | | | | | | | | | | | | |
| 手入れ | | | | 切り戻し | | | | | | | | |

鉢植え　庭植え　耐寒性　丈夫

## ラケナリア

不思議な花色の球根花

キジカクシ科ラケナリア属　多年草（球根）

南アフリカ原産で筒状や壺状の花を穂状に咲かせます。青緑色や蛍光色のような黄色やオレンジ色、透明感のあるピンク色や紫色など、独特な花色です。

オザキ流 選び方　秋から球根が流通しますが、2〜3月には芽出し苗が出回ります。つぼみがふっくらして葉がきれいなものを選びます。

オザキ流 育て方　鉢植えで日当たりのよい場所で水はけのよい用土で育てます。生育中は用土が乾いたらたっぷり水やりし、地上部がなくなったら断水して半日陰に移動します。

| | 1 | 2 | 3 | 4 | 5 | 6 | 7 | 8 | 9 | 10 | 11 | 12 |
|---|---|---|---|---|---|---|---|---|---|---|---|---|
| 開花期 | | | | | | | | | | | | |
| 置き場所 | | | 日なた | | | | | 半日陰の軒下 | | | 日なた | |
| 植えつけ・植え替え | | ポット苗 | | | | | | | 球根 | | | |
| 手入れ | | | 花がら摘み | | | | | | | | | |

鉢植え　庭植え　耐寒性　環境・植え方に注意

## ミヤマホタルカズラ

目の覚めるブルーの花

ムラサキ科ミヤマホタルカズラ属　低木

ヨーロッパ原産の常緑低木で、低くマット状に広がってコバルトブルーや青紫色と白、その複色の花を咲かせます。白の縁取りがある“スター”も人気です。

オザキ流 選び方　春に開花鉢が流通します。つぼみや花が多くて株元の分岐が多く、葉がきれいなものを選びます。

オザキ流 育て方　鉢植えにして日当たりと風通しのよい場所で水はけのよい用土で育てます。開花中は薄めた液肥を月に1〜2回与えます。花後に枝の先を軽く切り戻します。

| | 1 | 2 | 3 | 4 | 5 | 6 | 7 | 8 | 9 | 10 | 11 | 12 |
|---|---|---|---|---|---|---|---|---|---|---|---|---|
| 開花期 | | | | | | | | | | | | |
| 置き場所 | | | 日なた | | | | | 明るい半日陰 | | | | |
| 植えつけ・植え替え | | | | | | | | | | | | |
| 手入れ | | | | | 切り戻し | | | | | | | |

鉢植え　庭植え　耐寒性

# ヘリクリサム

カサカサした質感の花

キク科ムギワラギク属　多年草（一年草扱い）

1：シルバーリーフに赤い花が集まって咲く“レッドジュエル”
2：色鮮やかな大輪で次々と花が咲く“モハーブ”

庭植え　鉢植え

| | 1 | 2 | 3 | 4 | 5 | 6 | 7 | 8 | 9 | 10 | 11 | 12 |
|---|---|---|---|---|---|---|---|---|---|---|---|---|
| 開花期 | | | ■ | ■ | ■ | ■ | ■ | | | | | |
| 置き場所 | | | | 日なた | | | | | | | | |
| 植えつけ・植え替え | | | | | | | | | | | | |
| 手入れ | | | ■ | 収穫(ドライフラワー) | ■ | ■ | ■ | | | | | |

黄色やオレンジ色、赤色や白色の中・大輪で、春に輝くような明るい印象の花が咲きます。開花期が長く、花壇や寄せ植えのアクセントに向いています。本来は多年草ですが、高温多湿が苦手なため、日本では梅雨の蒸れで傷んで枯れてしまうので、一年草として扱われています。全体に白い毛で覆われたシルバーリーフの“レッドジュエル”などもあります。酸性の土壌を嫌うため、植えつける前に苦土石灰を混ぜて中和しておきます。

オザキ流 選び方　3月頃からつぼみや花がついたポット苗が出回るので、入手して植えつけます。株元がぐらつかず、葉の緑色が濃くてきれいなものを選びます。好みの花色、葉とのバランスを見て、つぼみが多いものがおすすめです。

オザキ流 育て方　日当たりがよい場所を好みます。過湿が苦手なので、水はけのよい用土で植えつけます。乾燥気味に育て、用土が乾いたら水やりします。花は花茎ごと収穫して吊るして乾かし、ドライフラワーにするとよいでしょう。

Column②

## 庭の花を飾る

お気に入りの花を育て、庭で株が成長してたくさんの花が咲いたら、小さな花器やグラスに飾って楽しみましょう。

秋に植えつけたパンジーやビオラは、春になると草丈が伸びて草姿が乱れてくるので、切り戻しを兼ねて長めに茎をつけて切り、切り花として活用します。室内で花が楽しめるだけでなく、育てている株も整って一石二鳥です。室内の明るい場所に置き、水は1日1回替えると長もちします。

切り戻した庭の株には、水で薄めた液肥を与えておくと、わき芽が伸びてきて次の花が咲きます。

小さめのフラワーベースに飾った“華あられ”“シエルブリエ”“横浜セレクション”などのパンジー、ビオラ

# 初夏～夏に咲く花

主に6～9月に開花し、見頃を迎える花を紹介します。

Part 3

初夏から夏に咲く花苗の中では、たっぷり咲いてふわっと広がる中輪系のペチュニアは、ハンギングバスケットにぴったり。

# アジサイ

梅雨の時期を美しく彩る

アジサイ科アジサイ属　低木

1

2

3

4

1：島根県オリジナルで、ブルーの八重咲きが手まり状に咲く**“星あつめ”**　2：母の日のプレゼントや寄せ植えに向く、小型で濃いピンクの手まり咲きの花　3：おしゃれな花色で人気がある、アメリカノリノキ**“アナベル”**　4：外側が紅色になるヤマアジサイの仲間の“紅（くれない）”

うっとうしい梅雨時期に、手まり状の美しい花を咲かせ、鉢花は母の日のプレゼントとしても人気です。多く流通している園芸種は、日本の自生種が海外で育種され、里帰りしているものが元となっています。

花色はやはりブルー系が人気で、ピンクや紫、白と黄緑、複色があります。

花形の主流は小さな花が大きく集まって咲く手まり咲きと、中心の花が小さくて外側が大きなガクアジサイを代表とするガク咲きなどがあります。

オザキ流 選び方　4〜6月にさまざまな規格の開花鉢やポット苗が出回ります。花色や花形がとても豊富です。株元からの分枝が多く、幹や枝が太くてがっしりと詰まっていて株が充実しているもの、また、つぼみや花がたくさんついているものを選びましょう。土のpH値によって花色が変わるものと、影響を受けないものとがあります。店頭で聞いてから購入するとよいでしょう。

庭植え

鉢植え

耐寒性

耐暑性

丈夫

| | 1 | 2 | 3 | 4 | 5 | 6 | 7 | 8 | 9 | 10 | 11 | 12 |
|---|---|---|---|---|---|---|---|---|---|---|---|---|
| 開花期 | | | | | | | | | | | | |
| 置き場所 | 日なた〜半日陰 | | | | | | 半日陰 | | | 日なた〜半日陰 | | |
| 植えつけ・植え替え | | | | | | | | | | | | |
| 手入れ | | 冬剪定 | | | 花後の剪定 | | | 花がら摘み | | | | |

アジサイの仲間で近年人気になっているものに、アメリカノリノキ“アナベル”やラグランジア“ブライダルシャワー ”などがあります。“アナベル”はとても丈夫で咲き始めが黄緑色、咲き進むと白くなり、花もちがよいことから庭に植える人がふえています。また、通常のアジサイは茎の先端に花を咲かせますが、“ブライダルシャワー ”をはじめとするラグランジアは、側芽からも花を咲かせるという点で画期的なグループです。

オザキ流 育て方

日なたから半日陰で育て、鉢植えなら夏の間は涼しい半日陰に移動します。水切れすると株が傷むことがあるため、水やりは表土が乾いたらたっぷりと与えます。肥料は花後に株元の用土にお礼肥を与え、秋までは月に2〜3回薄めた液肥を与えましょう。

アメリカノリノキ以外は、花が終わったら早めに上から3〜5節目の葉の上で切り戻します。夏を過ぎると翌年の花芽ができ始めるため、できるだけ花後すぐに切ります。冬の剪定は2〜3月に行い、軽く枯れた枝を切って新しい枝に更新します。アメリカノリノキは、地際から伸びる新しい芽に花がつくため、冬の剪定で下から5cmの位置で短く切り戻します。

1

2

3

4

1：丈夫でよく咲き、開花期も長い、ラグランジア“**ブライダルシャワー** ” 2：中心部が青色で外側が黄緑色のガクアジサイ“**大島緑花**(おおしまりょっか)” 3：ひとつの花が大輪で、縁に細かい切れ込みが入る“**ティアモ**” 4：外側の花が大きく、集まって咲く、ヤマアジサイ“**九重麗華**(くじゅうれいか)”

1：コバルトブルーの花が涼しげなヤマアジサイ“**海峡**（かいきょう)”
2：上から、ピンクの“**ダンスパーティー** ”、ラグランジア“**ブライダルシャワー** ”、ブルーで丸弁のガクアジサイ“**ユングフラウ ジェミニ**”

1

2

# ペチュニア

株いっぱいに優雅な花が咲く

ナス科ペチュニア属　多年草、一年草

1

2

3

4

1：シンプルでもよく咲いてコストパフォーマンスが高い白花のペチュニア　2：**“ホイップマカロン レ ミルティーユ”**は、アンティークな色調の八重咲き　3：濃い紫色に黄緑色の覆輪で、雨に強い**“真輝（まさき）”**　4：ほふく性でこんもりと花が咲く**“さくらさくら”**

南アメリカ南部に40種ほどの原種が自生しており、育種が進んでたくさんの園芸品種があります。かつては厳しい暑さや寒さがやや苦手で雨にも弱かったのですが、近年人気の新しい品種は、暑さ、寒さ、雨などに強くなってきています。

はじめは濃いピンクや白、紫くらいだった花色も育種が進むにつれてふえ、近年では黒に近い暗紫色やシックな茶色のほか、三色咲きや二色咲き、複雑な絞りが入る花色も登場しています。花形も一重咲きから八重咲きまであります。

オザキ流 選び方

4月から花やつぼみつきのポット苗が多く出回ります。花色や花形が豊富なので、好きな花を見つけてポット苗を購入するのがおすすめです。いずれも節が詰まって株元の分岐が多く、どっしりした苗でつぼみの多いものを選びます。また、下葉を確認して葉が傷んでいないものを選びます。

庭植え
鉢植え
耐寒性
耐暑性
丈夫

| | 1 | 2 | 3 | 4 | 5 | 6 | 7 | 8 | 9 | 10 | 11 | 12 |
|---|---|---|---|---|---|---|---|---|---|---|---|---|
| 開花期 | | | | | | | | | | | | |
| 置き場所 | 軒下／室内 | | | | | | 日なた | | | | 軒下／室内 | |
| 植えつけ・植え替え | | | | | | | | | | | | |
| 手入れ | | | | 花がら摘み | | 切り戻し | | | 切り戻し | | | |

注目の花色はダークカラーで、特に黒に近い暗紫色に黄緑色の覆輪が入る“花衣 黒真珠(はなごろも くろしんじゅ)”の登場はペチュニアのイメージを大きく変えました。複色咲きの中では“ホイップマカロン レ ミルティーユ”が印象的で、アンティークな茶色とアプリコット色が入り混じります。鮮やかな濃いピンクに黄緑色の縁取りの“湘南ヴェルデ”、中心が茶色でグラデーションがある“カプチーノ”なども目を引く花色です。

オザキ流 育て方　日当たりと水はけがよく、腐植質の多い肥沃な用土を好みます。秋まで育てられますが、梅雨前までの植えつけがおすすめです。水は、用土が乾いたらたっぷりと与えます。ただし、用土の過湿は苦手で、特に高温多湿になる夏期の過湿は株を弱らせるので、用土の表面がよく乾いてから水やりします。

濃度の濃い肥料を与えると肥料障害を受けやすいので、生育が旺盛な開花期は薄めの液肥をこまめに与えるか、緩効性の化成肥料を定期的に与えます。特に八重咲きなどの大きな花を咲かせるタイプは肥料を好みます。

咲き終わった花をそのままにしておくと病気の原因になるため、こまめに摘み取ります。梅雨入り前と秋に全体の1/2を切り戻します。混み合ってきたら秋に切り戻したときに株分けして植え替えます。

1

2

3

4

1：暗紫色に黄緑色の覆輪が入る“花衣 黒真珠” 2：斑入り葉が印象的な“インカのペチュニア ミルクティーバリエガータ” 3：ニュアンスカラーの“ジュリエット モダンピンク” 4：濃いピンクに黄緑色の縁取りの“湘南ヴェルデ”



1：色幅が魅力の“ステファニー” 2：豪華な八重咲きの“パニエ ライトブルー” 3：中心が茶色でグラデーションがある“カプチーノ” 4：ココア色の“ジュリエット モダンショコラ” 5：モダンな絞りが入る“ICHIMATSU(いちまつ)” 6：赤い八重咲きの“シュガーボンボン”

1

2

3

4

5

6

# カリブラコア

小振りな花がたっぷりと咲く

ナス科カリブラコア属　多年草、一年草

1：白花に黄色い目が入る“ウノ ホワイトイエローアイ” 2：“スーパーベル ホーリーカウ”は、くっきりした模様が目を引く 3：“スーパーベル ポケットブルー” 4：明るい斑入り葉に淡い紫色の八重咲き“ボンヌユルーム”

ペチュニアに似た小振りの花を株いっぱいに咲かせます。1990年にペチュニアから独立してできた新しいグループで、近年、育種が進んでたくさんの新品種が登場しています。ペチュニアよりも丈夫で、さらにたくさんの花を咲かせやすいことから、人気が上がってきました。

花色もペチュニアよりも進んだニュアンスカラーやダーク系の色調、はっきりとした二色咲きなどがあります。

オザキ流 選び方　4月から花やつぼみつきのポット苗が多く出回ります。花色や花形、咲き方のシルエットもさまざまなので、好きな花を見つけてポット苗を購入するのがおすすめです。いずれも節が詰まって株元の分岐が多く、どっしりした苗でつぼみの多いものを選びます。また、下葉を確認して葉が傷んでいないものを選びます。

| | 1 | 2 | 3 | 4 | 5 | 6 | 7 | 8 | 9 | 10 | 11 | 12 |
|---|---|---|---|---|---|---|---|---|---|---|---|---|
| 開花期 | | | | | | | | | | | | |
| 置き場所 | 軒下／室内 | | | | | | 日なた | | | | | 軒下／室内 |
| 植えつけ・植え替え | | | | | | | | | | | | |
| 手入れ | | | | 花がら摘み | | 切り戻し | | | 切り戻し | | | |

庭植え　鉢植え　耐寒性　耐暑性　丈夫

注目の花色はニュアンスカラーと複色で、白に濃い黄色が入る“スーパーベル レモンスライス”は、レモンの輪切りによく似た花色で、遠くからでも人目を引きます。“スーパーベル ホーリーカウ”は、はっきりとした模様が印象的です。このほかにもアンティークな茶色で八重咲きの“ティフォシー アンティークシリーズ NO.82”などもいままでにないカフェオレのような色が目を引く花色です。

オザキ流 育て方　ペチュニアとほぼ同様で、日当たりと水はけのよい腐植質の多い肥沃な用土を好みます。水やりは、用土が乾いたらたっぷりと与えます。ペチュニアよりもさらに丈夫ですが、用土の過湿は苦手で、特に高温多湿になる夏期の過湿は株を弱らせるので、用土の表面がよく乾いてから水やりします。

濃度の濃い肥料を与えると肥料障害を受けやすいので、生育が旺盛な開花期は薄めの液肥をこまめに与えるか、緩効性の化成肥料を定期的に与えます。

咲き終わった花をそのままにしておくと病気の原因になるため、こまめに摘み取ります。梅雨入り前と秋に全体の1/2を切り戻します。混み合ってきたら秋に切り戻したときに株分けして植え替えます。

オススメ New 新品種

1

2

3

4

1：白に濃い黄色が入る“スーパーベル レモンスライス” 2：やさしい青紫色の“ティフォシーダブルシリーズラベンダー ” 3：紫色で半八重咲きの“ティフォシールシアシリーズ LO2” 4：エレガントで八重咲きの“ティフォシー エレガンスシリーズ EO3”



1：ニュアンスカラーで八重咲き、“ティフォシー アンティークシリーズ NO.82” 2：豪華な八重咲きで、咲き進むにつれて花色が変わる“カメレオン”

1

2

# サルビア

## 芳香や薬効をもつ種類もある

シソ科サルビア属　多年草、一年草

1　2
3　4

1: サルビア ファリナセア**“サリーファン スカイブルー”**(一年草扱い) 2: サルビア メキシカーナ**“ライムライト”**(多年草タイプ) 3: 暑さに強いサルビア スプレンデンス(一年草タイプ) 4: サルビア アズレア**“グランディフローラ”**(多年草タイプ)

世界中の温帯から熱帯地域にかけて900種以上の原種が自生します。一年草で寄せ植えや花壇に植えて楽しむもの、多年草で主に庭植えで毎年花を咲かせるものなどさまざまな種類があります。

種類によって寒さに対する抵抗力は異なりますが、大きく分けて2種類あり、一年草のタイプは花後の晩秋に枯れます。多年草のタイプは、関東平野部以西では冬越しが容易です。

オザキ流 選び方　一年草と多年草ともに、4月から花やつぼみつきのポット苗が多く出回り、多年草は秋にも流通します。花色や花形、咲き方もさまざまなので、好きな花を見つけてポット苗を購入するのがおすすめです。いずれも節が詰まって株元の分岐が多く、つぼみの多いものを選びます。また、下葉を確認して葉が傷んでいないものを選びます。

庭植え
鉢植え
耐寒性
耐暑性
丈夫

| | 1 | 2 | 3 | 4 | 5 | 6 | 7 | 8 | 9 | 10 | 11 | 12 |
|---|---|---|---|---|---|---|---|---|---|---|---|---|
| 開花期 | | | | | | | | | | | | |
| 置き場所 | | | | | | 日なた | | | | | | |
| 植えつけ・植え替え | | | | | | | | | | | | |
| 手入れ | | | | | | 切り戻し | | 花がら摘み | | | | |

注目の花は、多年草タイプの中では大型になって草姿が乱れやすかったチェリーセージの改良種で、小型でまとまりがよく連続開花性がある“ソークール ペールブルー ”や“ミラージュ ピンク”などパステルカラーの美しい品種がおすすめです。また、花穂が大きくてシックな暗紫色の“ダークマター ”も、庭や寄せ植えで魅力を発揮するでしょう。サルビア ネモローサ“カラドンナ”も花立ちがよく、庭植えにおすすめです。

オザキ流 育て方 日当たりと水はけのよい場所を好み、用土の乾燥を嫌うので、腐植質を多めに用土に混ぜ込んで水もちをよくします。水やりは、表土が乾いたら早めにたっぷりと与えます。

開花期が長いため、肥料切れしないように気をつけます。肥料は元肥として植え穴の用土に緩効性化成肥料を入れてよく混ぜてから植えつけるほか、生育のよい春から夏にかけては薄めた液肥を月に1～2回与えます。花が終わったら早めに花茎ごと花がらを切るとわき芽が伸び出し、次々と花が咲き続けます。一年草のタイプは霜が降りると枯れます。6月に切り戻すと、コンパクトにおさまります。多年草タイプは、混み合ってきたら3月に株分けして植え直すとよいでしょう。

1 
2 
3 
4 

**1**：連続開花性があるサルビア**“ミラージュ ピンク”**（多年草タイプ） **2**：濃い赤紫の花穂がシックな**“ダークマター ”**（多年草タイプ） **3**：サルビア スプレンデンスの赤紫色の花（一年草タイプ） **4**：株元から多数の花穂が出る**“ソークール ペールブルー ”**（多年草タイプ）

**1**：サルビア レウカンサ**“ピンクアメジスト”**（多年草タイプ） **2**：サルビア ファリナセアの白花種（一年草扱い） **3**：栄養系サルビア**“マナウス オレンジ”**（一年草扱い） **4**：サルビア アズレア（多年草タイプ） **5**：サルビア セミアトラータ（多年草タイプ） **6**：サルビア ネモローサ**“カラドンナ”**（多年草タイプ）

1 
2 
3 
4 
5 
6 

# ベロニカ

## 直立タイプと這い性タイプがある

オオバコ科(旧ゴマノハグサ科)ベロニカ属　多年草

1 2
3 4

1：濃い紫色の花穂が魅力の**“ハミングバード”**の紫花種(直立タイプ)　2：大型で長い花穂が多数伸びる **“ハミングバード”**の桃花種(直立タイプ)　3：暑さに強く比較的コンパクトな**“ロニカブルー ”**(直立タイプ)　4：暗紫色の葉もきれいなペドゥンクラリス**“オックスフォードブルー ”**(這い性タイプ)

世界中に200種以上の原種が自生し、日本の代表的な自生種にルリトラノオがあります。大きく分けて直立性で長い花穂が立つタイプと、草丈が低くて這うように広がるタイプの2種類があります。直立タイプでは、セイヨウルリトラノオの和名もあるベロニカ ロンギフォリアの交配種が多く、低く茂る這い性タイプには春に青い花を咲かせるペドゥンクラリス“オックスフォードブルー ”などがあります。

オザキ流 選び方

這い性タイプは2月から花やつぼみつきのポット苗が多く出回り、直立性のタイプは4～5月と秋にも流通します。花色や花形、咲き方もさまざまなので、好きな花を見つけてポット苗を購入するのがおすすめです。いずれも節が詰まって株元の分岐が多く、つぼみの多いものを選びます。また、下葉が傷んでいないものを選びます。

庭植え
鉢植え
耐寒性
耐暑性
丈夫

| | 1 | 2 | 3 | 4 | 5 | 6 | 7 | 8 | 9 | 10 | 11 | 12 |
|---|---|---|---|---|---|---|---|---|---|---|---|---|
| 開花期 | | | | | | | | | | | | |
| 置き場所 | | | | | | 日なた | | | | | | |
| 植えつけ・植え替え | | | | | | | | | | | | |
| 手入れ | | | 花がら摘み | | 切り戻し | | | | | | | |

直立タイプの中では、ベロニカには珍しい、斑入り葉がきれいな“シャーロッテ”が目を引きます。花壇のアクセントや寄せ植えのポイントにすると魅力を発揮するでしょう。葉の美しさでは、輝くようなシルバーリーフのインカナ“シルバーシー”もよいでしょう。涼しげなシルバーの草姿は、何にでも調和しやすく、周囲を引き立てながらなじみます。這い性では、やはり暗紫色の葉もきれいなペドゥンクラリス“オックスフォードブルー”が育てやすく、庭や寄せ植えにおすすめです。

オザキ流 育て方 日当たりと水はけのよい場所を好み、腐植質を多めに用土に混ぜ込んでから植えつけます。ロックガーデンでもよく育ちます。水やりは、表土が乾いたら早めにたっぷりと与えますが、開花期は水切れしやすいので注意します。

肥料は元肥として植え穴の用土に緩効性化成肥料を入れてよく混ぜてから植えつけるほか、生育のよい春から夏にかけては薄めた液肥を月に1～2回与えます。ただし、肥料が多すぎると直立性タイプは倒れやすくなるので、規定倍率よりも薄めにして与えます。花が終わったら早めに花茎ごと花がらを切るとわき芽が伸び出し、長期間花が咲き続けます。5～6月に切り戻すと草姿が整い、コンパクトにおさまります。

1

2

3

4

1：白い花穂で斑入り葉がきれいな**“シャーロッテ”**（直立タイプ） 2：赤紫の花穂がシックなペトラエア**“マダムマルシア”**（這い性タイプ） 3：ピンクの花が春に咲くオーストリアカ**“ミセスホルト”**（這い性タイプ） 4：青い花穂が伸びる高性種の**“マリエッタ”**（直立タイプ）

1：低い花穂をたくさん咲かせる**“ブルーカーペット”**（直立タイプ） 2：シルバーリーフが魅力のベロニカ インカナ**“シルバーシー”**（直立タイプ）

1

2

# ニチニチソウ

夏の日差しが好きな小花

キョウチクトウ科ニチニチソウ属　一年草

1：極小輪の花がたくさん咲く**“夏花火（なつはなび） ホワイトレッドアイ”** 2：**“ニルバーナ カスケード”**は、くっきりした模様が目を引く 3：花の中心に暗紫色のアクセントが入る**“モネ”** 4：ぽってりとした丸みがある花弁の**“うさぎちゃん”**

分枝がよく、自然に形よく茂って、株を覆うように次々と花を咲かせることから、「日々草」と呼ばれています。

真夏の厳しい暑さと強光線に強く、夏の花壇を華やかに彩るのに欠かせない花です。暑さには強い反面、寒さには弱く、気温が下がると徐々に花が小さくなります。

ミニタイプや半八重タイプなど、花形の品種改良が進み、また、ラベンダー色や暗紫色などの新しい花色が登場しています。

オザキ流 選び方

5月から花やつぼみつきのポット苗が多く出回ります。花色や花形、咲き方もさまざまなので、好きな花を見つけてポット苗を購入するのがおすすめです。草丈が伸びすぎず、節が詰まって株元の分岐が多く、つぼみの多いものを選びます。また、下葉を確認して葉が傷んでいないものを選びます。

庭植え

鉢植え

耐暑性

丈夫

| | 1 | 2 | 3 | 4 | 5 | 6 | 7 | 8 | 9 | 10 | 11 | 12 |
|---|---|---|---|---|---|---|---|---|---|---|---|---|
| 開花期 | | | | | | | | | | | | |
| 置き場所 | | | | | | | | 日なた | | | | |
| 植えつけ・植え替え | | | | | | | | | | | | |
| 手入れ | | | | | | | 花がら摘みと切り戻し | | | | | |

以前はシンプルな一重咲きしかありませんでしたが、これがニチニチソウかと思うほどの小輪や極小輪の花、花弁がプロペラ形の花が登場し、ニチニチソウのイメージを一新しました。さらにふんわりとしたフリルが入る花形やミニバラのような花形の八重咲きの花も登場しました。

花色はダークカラーと複色が注目の色で、いままでにない黒に近い紫色や、中心に暗紫色が入る花、反対に中心部が鮮やかな濃いピンクの花などが目を引きます。

**オザキ流 育て方** 高温と乾燥を好み、光線不足と用土の過湿を嫌います。日当たりと風通しのよい場所で、水はけのよい用土であれば土質は選びません。植えつけるときはできるだけ根鉢は崩さずに作業します。元肥のほか、生育に合わせて追肥用の緩効性化成肥料か、薄めた液肥を定期的に与えます。注意することは、窒素肥料が多すぎると葉ばかりが茂って花が咲かなくなるという点です。肥料のラベルの成分比を確認し、リン酸分とカリ分の割合が多く、窒素分の少ない肥料を選びます。

水やりは、用土が乾いたらたっぷりと与えます。咲き終わった花は自然に落ちますが、そのままにしておくと病気の原因になるため、こまめに拾いましょう。草丈が伸びすぎたら切り戻します。

1

2

3

4

1：花弁にフリンジが入り、フリルで波打つ **"うさぎチュチュ"** 2：紫色でバラのような八重咲きの **"ミラシリーズ アクア"** 3：黒に近い暗紫色の **"ブラックスワン"** 4：プロペラ咲きで中心がピンクの **"ゆきうさぎシリーズ"**



1：星形でアプリコット色のグラデーション、**"さくらんぼチーク"** 2：細いプロペラ形の花、**"ゆきうさぎシリーズ"** 3：シックな暗紫色の **"モネ アンティーク"**

1

2

3

# バーベナ

## 春から秋までよく咲く花

クマツヅラ科バーベナ属　多年草(一年草扱い)

1:**“オブセッション コーラルウィズアイ”**(一年草タイプ)　2:**“タピアン ラベンダー”**(多年草タイプ)は強健種　3:淡い黄緑色の**“ヴァネッサ コンパクトライム”**(多年草タイプ)　4:ピンクと白の二色咲きの**“桜スター ”**(多年草タイプ)

南北アメリカに250種ほどの原種が自生しており、日本にもクマツヅラの1種が自生しています。育種が進んでたくさんの園芸品種があります。

夏の炎天下でも負けずに育ち、春から秋までの長期間、開花が続きます。

本来は多年草ですが、耐寒性がないため日本では一年草として扱われる華やかな花が咲くタイプと、比較的耐寒性があり楚々とした花が咲く多年草タイプがあります。

**オザキ流 選び方** 3月から6月にかけて、花やつぼみつきのポット苗や花がついた開花鉢が出回ります。花色や花形が豊富なので、好きな花を見つけてポット苗を購入するのがおすすめです。節が詰まって株元の分岐が多く、どっしりした苗でつぼみの多いものを選びます。また、下葉を確認して葉が傷んでいないものを選びます。

庭植え　鉢植え　耐暑性　丈夫

| | 1 | 2 | 3 | 4 | 5 | 6 | 7 | 8 | 9 | 10 | 11 | 12 |
|---|---|---|---|---|---|---|---|---|---|---|---|---|
| 開花期 | | | | | | | | | | | | |
| 置き場所 | 軒下/室内 | | | | | | 日なた | | | | | 軒下/室内 |
| 植えつけ・植え替え | | | | | | | | | | | | |
| 手入れ | | | | | 花がら摘み | | 切り戻し | | | | | |

元々の花色は白、ピンク、黄色、紫色、赤色と、これらの複色が普及していました。近年ではパステル調のアプリコット色やラベンダーに近い薄い青紫色、暗紫色のダークカラーをはじめ、これまでになかった花色が登場して人気を集めています。また、多年草タイプは草丈が従来の1/3ほどの小型種が登場し、倒れにくくて育てやすいため、人気が出てきています。

オザキ流 育て方 日当たりと水はけのよい場所を好みます。酸性の土壌を苦手としているため、植えつけ前に苦土石灰をまいてよく混ぜておきます。また、水やりは、用土が乾いたらたっぷりと与えます。ただし、用土の過湿は苦手で、特に高温多湿になる夏期の過湿は株を弱らせるので、用土の表面がよく乾いてから水やりします。

肥料は、植えつけ時に緩効性化成肥料を用土によく混ぜて与え、生育が旺盛な開花期は、薄めの液肥を月に2～3回与えます。

咲き終わった花は、こまめに摘み取ります。草姿が乱れたら、夏に全体の1/3を切り戻します。冬は軒下か室内で保護します。

オススメ New 新品種

1

2

3

4

1：紫と白の複色、スーパーベナ**“アイストゥインクル”**（多年草タイプ） 2：黄金葉が印象的なテネラ**“オーレア”**（多年草タイプ） 3：鮮やかな赤い手まり状に咲く**“花手毬 絢”**（多年草タイプ） 4：ニュアンスのある花色の**“コーラルスター ”**（多年草タイプ）



1：草丈20～50㎝でまとまり、分岐がよい**“メテオールシャワー ”**（多年草タイプ） 2：草丈50㎝になり、円錐状の花穂が咲くバーベナ リギダ（多年草タイプ） 3：草丈70㎝まで伸びる高性で花穂が小さいバーベナ バンプトン（多年草タイプ）

1

2

3

# ベゴニア

長期間咲き続ける鮮やかな花

シュウカイドウ科ベゴニア属　多年草、一年草

1：よく咲くベゴニア センパフローレンスのピンク（一年草タイプ）　2：エラチオール ベゴニア**“ビラブ”**（多年草タイプ）　3：球根ベゴニアの**“サザーランディー”**（多年草タイプ）　4：球根ベゴニアの**“フォーチュン ピンク”**（多年草タイプ）

オーストラリアを除く世界中の熱帯から亜熱帯地域に2000種以上の原種があり、日本に自生するシュウカイドウもベゴニアの仲間です。

暑さに強く、もっとも多く流通するセンパフローレンス種は一年草扱いですが、春から秋遅くまで長期間咲き続けるため、コストパフォーマンスが高い草花です。ベゴニアの仲間には、センパフローレンス種のほかに、球根ベゴニア、木立ちベゴニア、花が豪華なエラチオール ベゴニアなどがあります。

オザキ流 選び方

一年草と多年草ともに、4月から花やつぼみつきのポット苗が、木立ちベゴニアや球根ベゴニアは秋にも流通します。花色や花形、咲き方もさまざまなので、好みの花を見つけてポット苗を購入するのがおすすめです。節が詰まって株元の分岐が多く、つぼみの多いものを選びます。また、下葉を確認して葉が傷んでいないものを選びます。

| | 1 | 2 | 3 | 4 | 5 | 6 | 7 | 8 | 9 | 10 | 11 | 12 |
|---|---|---|---|---|---|---|---|---|---|---|---|---|
| 開花期 | | | | | | | | | | | | |
| 置き場所 | | 軒下／室内 | | | 日なた～半日陰 | | | 半日陰 | | 日なた～半日陰 | | 軒下/室内 |
| 植えつけ・植え替え | | | | | | | | | | | | |
| 手入れ | | | | | | 切り戻し | 花がら摘み | | | | | |

庭植え

鉢植え

耐暑性

丈夫

注目の花は、一年草タイプの中では、センパフローレンス系で八重咲きのベゴニア“ダブレット レッド”です。小型でまとまりがよく、可憐な八重咲きの花で連続開花性がある上に半日陰でもよく育ち、花壇や寄せ植えで人気があります。センパフローレンス種は一重咲きでも丈夫で長くよく咲くことからコストパフォーマンスが高く、シックな銅葉はカラーリーフとしても活用できるため、おすすめです。球根ベゴニアにも多彩な花があり、室内の窓辺なら一年中楽しめます。

オザキ流 育て方 明るい半日陰を好みますが、日なたから半日陰のどこでも育てられます。水はけのよい肥沃な用土を使います。用土の過湿が苦手なので、用土の表面がよく乾いてからたっぷりと水やりをします。

肥料は初夏と秋の生育のよい時期に、液肥や緩効性の化成肥料で追肥します。高温期には、肥料障害を起こしやすいので、肥料は与えません。花が終わったら早めに花茎ごと花がらを切るとわき芽が伸び出し、次々と花が咲き続けます。

暑さの厳しい地域では、夏に草姿が乱れやすいので、夏前に切り戻しをして、株の形を整えます。一年草のタイプは霜が降りると枯れます。多年草タイプは、混み合ってきたら4〜5月に株分けして植え直すとよいでしょう。

1：球根ベゴニアの**“フォーチュン オレンジシェード”**（多年草タイプ） 2：八重咲きのベゴニア**“ダブレット レッド”**（一年草タイプ） 3：ベゴニア センパフローレンスの銅葉白花種（一年草タイプ） 4：木立ちベゴニアの八重咲き赤花種（多年草タイプ）



1

2

3

1：球根ベゴニア ボリビエンシスの白花種（多年草タイプ） 2：ベゴニア センパフローレンスの赤花種（一年草タイプ） 3：球根ベゴニア ボリビエンシスの赤花種（多年草タイプ）

# ヒューケラ、ティアレラ

カラフルな葉と繊細な花穂

ユキノシタ科ツボサンゴ属　多年草

1

2

3

4

1：濃い銅葉が魅力のヒューケラ“**パレスパープル**”　2：淡いピンクの花穂が美しいティアレラ“**ピンクスカイロケット**”
3：ヒューケラ“**ドルチェ チェリーコンポート**”　4：こはく色の葉が美しいヒューケラ“**キャラメル**”

ヒューケラは、南北アメリカに70種ほどの仲間がある宿根草で、かわいい花も咲きますが、主にカラーリーフやグラウンドカバーとして親しまれています。育種が盛んに行われて、さまざまな葉色をもつ品種がたくさん作り出されています。半日陰で育ちます。

ティアレラは、主に北アメリカの森林地帯に分布する宿根草で、ヒューケラの近縁種です。ヒューケラより小型で繊細な花穂がたくさん伸びて、開花期は見応えがあります。

**オザキ流 選び方**　通年流通しますが、ティアレラは3月から花やつぼみつきのポット苗が多く出回り、ヒューケラは通年よく流通します。葉色がさまざまなので、好みのポット苗を購入するのがおすすめです。いずれも節が詰まって分岐が多く、葉がきれいなものを選びましょう。また、株元が傷んでいないものを選びます。

庭植え
鉢植え
耐寒性
耐暑性
丈夫

| | 1 | 2 | 3 | 4 | 5 | 6 | 7 | 8 | 9 | 10 | 11 | 12 |
|---|---|---|---|---|---|---|---|---|---|---|---|---|
| 開花期 | | | | | | | | | | | | |
| 置き場所 | | | | | | 半日陰 | | | | | | |
| 植えつけ・植え替え | | | | | | | | | | | | |
| 手入れ | | | | | 花がら摘み | | | | | | | |

ヒューケラはとても育種が盛んで、毎年たくさんの新品種が登場します。固定ファンが多く、庭でも寄せ植えでも使いやすいのは、濃い銅葉のヒューケラ“パレスパープル”や、こはく色の“キャラメル”などです。近年の安定した草姿で葉の発色が美しい“ドルチェ”シリーズは、どれをとっても周囲になじみやすく、葉色もニュアンスカラーで人気があります。ティアレラでは、淡いピンクの花穂が美しい“ピンクスカイロケット”がおすすめです。

オザキ流 育て方

やや湿り気のある明るい半日陰や、庭なら落葉樹の木陰を好みます。丈夫で育てやすく、暑さや寒さにも強いのですが、夏の高温多湿が苦手です。西日の当たる場所は避けましょう。

水はけのよい腐植質が多めの用土で旺盛に生育します。植えつけの適期は春か秋で、やや深植えにし、緩効性化成肥料を元肥として用土によく混ぜて与えます。

乾燥には比較的強いのですが、水切れを嫌います。水やりは、表土が乾いたらすぐたっぷりと与えます。花が終わったらすぐに花茎ごと花がらを切るとわき芽が伸び出し、次々と花が咲き続けます。株が古くなると、茎が立ち上がり見苦しくなるので、早めに摘芯(ピンチ)をしてわき芽を育てるようにします。春か秋に掘り上げて株分けします。

オススメ New 新品種

1

2

3

4

1：ヒューケラ“ドルチェ シルバーガムドロップ” 2：丸い葉にピンクの花が咲くティアレラ “シルベラード” 3：ヒューケラ“シュガーベリー ” 4：ヒューケラ“コーラルベリー ”

1

1：比較的大型で長い花穂が咲くティアレラ“シュガーアンドスパイス” 2：ヒューケラ“ドルチェ メープルファッジ” 3：ヒューケラ“ドルチェ スウィートプリンセス”

2 3

# フロックス

びっしりと花で覆われる

ハナシノブ科フロックス属　多年草、一年草

主に北アメリカの67種が自生しています。岩場などに低く育つものから草丈1m以上に高く伸びるものまで、さまざまな種類があります。

大きく分けると、シバザクラを代表として低く這うように広がるスブラタ種、ほふく茎から花茎を立ち上げて花を咲かせるツルハナシノブを代表とするストロニフェラ種、草丈50㎝くらいまで伸びて星形などの花を咲かせるドラモンディ種、草丈1m以上になるパニキュラータ種などがあります。ドラモンディ種は暑さに弱いため一年草ですが、ほかの種は多年草です。

種によって生育に適した環境が異なりますが、シバザクラは日当たりのよい斜面やロックガーデン、ツルハナシノブは半日陰、パニキュラータ種は日なたから半日陰を好みます。花色や花形もさまざまですが、花色はピンクや青紫色などが人気です。

**オザキ流 選び方**

春から秋にかけて花やつぼみつきのポット苗や開花鉢が出回ります。手軽なのは3～6月に流通する、しっかり育った苗を購入することです。茎が太くてどっしりした株でつぼみが多く、株元の分岐が多いものを選びます。高性種なら、株元がぐらぐらしていない、茎が太くて節間が詰まったものを。

**オザキ流 育て方**

ツルハナシノブは半日陰で湿った場所を好みますが、それ以外は日当たりと風通しのよい場所で育てます。ポット苗や開花鉢は根鉢を崩さずに植えつけます。水やりは、用土が乾いてから与え、庭植えは一度根づけばよほどの乾燥にならない限り、水やりしなくても大丈夫です。鉢植えは乾いたらたっぷりと与え、夏の間は半日陰に移動し、西日が当たらないように気をつけます。

水はけのよい用土を好むため、市販の山野草用の用土を使ってもよいでしょう。花がらをそのままにしておくと病気の原因になるため、花後は花がらを取り除きます。開花中はときどき液肥を与えます。パニキュラータ種は花がらを摘む際に数芽下で切り戻します。

庭植え

鉢植え

耐寒性

丈夫

| | 1 | 2 | 3 | 4 | 5 | 6 | 7 | 8 | 9 | 10 | 11 | 12 |
|---|---|---|---|---|---|---|---|---|---|---|---|---|
| 開花期 | | | | | | | | | | | | |
| 置き場所 | | | 日なた | | | | 半日陰(一部) | | | | 日なた | |
| 植えつけ・植え替え | | | | | | | | | | | | |
| 手入れ | | | | | | | 花がら摘み | | | | 切り戻し | |

1：ラベンダー色の巨大輪のフロックス**“トロット”**（多年草タイプ）2：草丈が大きく伸びるフロックス　パニキュラータ（多年草タイプ）

1：ピンクの花がきれいなシバザクラ**“オータムローズ”**（多年草タイプ）2：草丈25㎝でよい香りがある**“ホワイトパヒューム”**（多年草タイプ）3：青い花のシバザクラ**“オーキントンブルーアイ”**（多年草タイプ）4：白い覆輪のシバザクラ**“多摩の流れ（たまのながれ）”**（多年草タイプ）

# ルドベキア

## 開花期が長くて丈夫な花

キク科ルドベキア属　多年草、一・二年草

1：小輪多花性で、初夏から晩秋まで花が次々咲くルドベキア**“タカオ”**　2：アースカラーの花色で人気の**“アーバンサファリ フォレストグリーン”**

北アメリカ原産で、およそ30種が自生しています。とても丈夫で育てやすく、暑さに負けずに初夏から晩秋まで長期間、次々と開花します。

キクの仲間らしい筒状花と舌状花で構成され、中心部が濃い色で盛り上がることから、花壇や寄せ植えのアクセントとして使いやすく、遠くからでも目を引きます。和名でオオハンゴンソウと呼ばれるルドベキア・ラシニタは特定外来生物に指定されており、日本の多くの地域で生態系に影響を与えるほど繁殖し、駆除の対象になっています。

主な花色は黄色やオレンジ色で、赤茶色や複色の種類もあります。近年、育種が進んでライムカラーの花弁や茶色に近いアンティーク調の花色も登場しており、ほかにも色幅のあるキャラメル色やシックなオレンジ色やくすんだローズピンクの花色も魅力的です。

1：レモンイエローの丸弁がかわいい、**“トト レモン”**　2：シックなえんじ色の花、**“チェリーブランデー”**　3：茶色と黄色でインパクトがある**“トト ラスティック”**　4：大輪で中心が緑色、濃淡がある黄色の花弁の**“プレーリーサン”**

オザキ流 選び方　春からポット苗が流通しますが、6～7月に花やつぼみがついたポット苗開花鉢が出回ります。好みの品種を見つけてポット苗を購入します。節が詰まって株元の分岐が多く、どっしりした苗でつぼみの多いものを選びます。また、下葉が茶色く傷んでいないものを選びます。

オザキ流 育て方　日当たりと風通しのよい場所を好みます。水はけのよい用土に植えつければ、手間がかかりません。鉢植えなら市販の草花用培養土を利用すると手軽です。乾燥にも強く、花壇では根づけば極端な乾燥以外は水やりの心配もいりません。開花したら、葉がしおれるほど乾燥すると花数が減るので気をつけます。水やりは株元の用土に与えます。

肥料は植えつける際に緩効性化成肥料を植え穴の用土に混ぜます。肥料切れを起こすと花数が減るので、2週間に1回、薄めた液肥を与えます。花がらがあると美観を損ねるため、こまめに取り除きます。8月に全体の1/3を切り戻し、花後の秋に葉が枯れたら、地上部を5cm残して切り戻します。

| | 1 | 2 | 3 | 4 | 5 | 6 | 7 | 8 | 9 | 10 | 11 | 12 |
|---|---|---|---|---|---|---|---|---|---|---|---|---|
| 開花期 | | | | | | | | | | | | |
| 置き場所 | | | | | | 日なた | | | | | | |
| 植えつけ・植え替え | | | | | | | | | | | | |
| 手入れ | | | | | | | | 切り戻し | | | 切り戻し | |

庭植え　鉢植え　耐寒性　耐暑性　丈夫

# アストランチア

独特の花形で野趣のある花

セリ科アストランチア属

多年草

庭植え　鉢植え　耐寒性　丈夫

1：上品なピンクの花で人気がある“**ローマ**”　2：白花で大輪、弁端が緑になる“**スノースター**”

| | 1 | 2 | 3 | 4 | 5 | 6 | 7 | 8 | 9 | 10 | 11 | 12 |
|---|---|---|---|---|---|---|---|---|---|---|---|---|
| 開花期 | | | | | | | | | | | | |
| 置き場所 | | | 日なた | | | | | 半日陰 | | | 日なた | |
| 植えつけ・植え替え | | | | | | | | | | | | |
| 手入れ | | | | | | 花がら摘み | | | | | | |

ヨーロッパ原産で、10種ほどの原種が自生しています。涼しい環境に自生するものが多いため、日当たりと水はけがよく、夏に半日陰になる場所に植えるとよく育ちます。流通するのはマヨール種を育種したものが主流です。とても花もちがよく、一輪の花が長期間楽しめます。白、ピンク、赤などの花色があり、庭植えのほか、切り花でも人気になっています。カサカサとした質感できれいに乾くため、ドライフラワーにも向きます。

**オザキ流 選び方**　春に多くのポット苗が出回り、主に5月に花やつぼみつきの充実した苗が流通します。花色と葉色のバランスを見て、好みのポット苗を購入しましょう。節が詰まって株張りがよく、葉がきれいなものを選びます。

**オザキ流 育て方**　日当たりのよい場所を好み、水はけのよい用土で植えつけます。夏は半日陰に移動するとよいでしょう。肥料は株が傷むため与えません。花がらはこまめに摘み、傷んだ葉や枯れ葉も見つけ次第、取り除きます。

# アンゲロニア

夏に植えたい丈夫な花

オオバコ科（旧ゴマノハグサ科）アンゲロニア属

多年草（一年草扱い）

庭植え　鉢植え　耐暑性　丈夫

中央アメリカから南アメリカの熱帯から亜熱帯が原産地です。本来は非耐寒性多年草ですが、日本の寒さでは越冬できないため、一年草として扱います。夏の暑さに負けずに旺盛に株立ち状に茂り、夏から秋まで長期間開花します。高性種もありますが、花壇や寄せ植えでは矮性種が向いています。日本では、まだなじみが薄い植物ですが、日なたから半日陰までよく育ち、初心者でも育てやすいのでおすすめです。

**オザキ流 選び方**　5月頃からつぼみつきのポット苗が出回るので、入手して植えつけます。株元の茎が太くて分岐が多く、葉がピンとして張りがあり、下葉もきれいなものを選びます。花やつぼみがたくさんついているものがおすすめです。

| | 1 | 2 | 3 | 4 | 5 | 6 | 7 | 8 | 9 | 10 | 11 | 12 |
|---|---|---|---|---|---|---|---|---|---|---|---|---|
| 開花期 | | | | | | | | | | | | |
| 置き場所 | | | | | | | 日なた～半日陰 | | | | | |
| 植えつけ・植え替え | | | | | | | | | | | | |
| 手入れ | | | | | | | 切り戻し | | 花がら摘み | | | |

**オザキ流 育て方**　日当たりがよい場所で、やや湿り気がある肥沃な用土を好みます。元肥として緩効性化成肥料を用土に混ぜ込み、肥料切れさせないように2週間に1回程度、薄めた液肥を与えます。咲き終わった花穂はつけ根から切り戻します。

1：楚々とした草姿だが強健な“**セレニータ ホワイト**”　2：紫と白の二色咲き“**エンジェルフェイス ウエッジウッドブルー**”

1

2

# フクシア

## イヤリングのような花形

アカバナ科フクシア属　低木（多年草扱い）

1：育てやすい立性タイプで白い花の“プーニー ブランカ”
2：立性タイプで赤と白の二色咲き、“ルージュブラン”

亜熱帯性気候の地域が原産です。高冷地や湿った森、峡谷などに自生するため、涼しくて湿り気のある環境を好みます。日本では原産地よりも高温多湿のため夏が過酷で、特に熱帯夜が苦手なので、夏越しの難しい植物です。

下向きに吊り下げられて咲き、カラフルなイヤリングのような花は、かつて爆発的に人気がありました。また、ほとんどの花が二色咲きで、羽のような上側の花弁と筒状の下の花弁の色が違うため、とてもカラフルでかわいらしい印象です。花色は、赤、ピンク、白、紫、オレンジなどと、その複色があります。一重咲きで小輪の品種は、八重咲きで大輪の品種よりも暑さに強い傾向があります。

当初は主にヨーロッパで園芸品種が育成されてきましたが、近年は日本の夏でも生育できる、耐暑性のある品種が作出されています。

**オザキ流 選び方**　4～5月に、花やつぼみがついたポット苗と開花鉢が出回ります。茎が太くて節が詰まり、どっしりとして株元の分岐が多く、充実したつぼみの多い苗を選びます。また、下葉を確認して黄色く傷んでいないものを選びます。

**オザキ流 育て方**　春と秋は日当たりと風通しがよい場所を好むため、屋外の日なたで育てます。夏は涼しくて風通しのよい半日陰に移動し、西日を避けます。用土は水はけのよいものを使い、乾いてからたっぷりと水やりします。夏と冬は過湿にしないように、控えめに水やりします。鉢植えの場合は鉢皿の水は溜めずにすぐに捨てます。

肥料は植えつけ時に緩効性化成肥料を植え穴の用土に少量混ぜ、開花中は薄めた液肥を月に1～2回与えます。

花がらを摘まないとタネをつけてしまい、株が弱るため、こまめに摘みます。7月に全体の1/2弱を切り戻すと夏越ししやすくなります。冬は室内の窓辺に取り込み、乾燥気味に管理します。

1：伸びすぎずに花がたくさん咲く“ジョリーズ”の白と赤の二色咲き　2：初心者でも育てやすい立性タイプの“プーニー”　3：とても花つきがよい“ジョリーズ”の赤と紫の二色咲き

| | 1 | 2 | 3 | 4 | 5 | 6 | 7 | 8 | 9 | 10 | 11 | 12 |
|---|---|---|---|---|---|---|---|---|---|---|---|---|
| 開花期 | | | | | | | | | | | | |
| 置き場所 | | 室内 | | | 日なた | | | 半日陰 | | 日なた | | 室内 |
| 植えつけ・植え替え | | | | | | | | | | | | |
| 手入れ | | | | | 花がら摘み | | 切り戻し | | | 花がら摘み | | |

鉢植え

環境・植え方に注意

# アガパンサス

梅雨時期に咲くエレガントな花

ヒガンバナ科アガパンサス属
多年草（球根）

庭植え
鉢植え
耐寒性
耐暑性
丈夫

1：耐寒性が強く、小型で花つきがよい“**オリンピックスカイブルー**” 2：紫と白の二色咲き、エヴァパンサス“**ファイヤーワークス**”

| | 1 | 2 | 3 | 4 | 5 | 6 | 7 | 8 | 9 | 10 | 11 | 12 |
|---|---|---|---|---|---|---|---|---|---|---|---|---|
| 開花期 | | | | | | | | | | | | |
| 置き場所 | | | | | | 日なた〜半日陰 | | | | | | |
| 植えつけ・植え替え | | | | ポット苗 | | | | | | | | |
| 手入れ | | | | | | 花がら摘み | | | | 掘り上げ(3〜4年に1回) | | |

梅雨時期に細い花が集まった球状の花を咲かせる、強健で育てやすい球根花です。南アフリカに20種ほどが自生し、交配によって多くの園芸品種が作出されました。球根植物ですが、現在は芽出しのポット苗や開花鉢で流通しており、それを植え替えたり庭に植えつけて育てるのが手軽でおすすめです。以前は大型の青い花が主流でしたが、近年では寄せ植えや小さな花壇でも使いやすい小型種や中型種、四季咲き種がふえています。

**オザキ流 選び方** 4〜5月に芽出しのポット苗と開花鉢が出回ります。ポット苗を入手して植え替えるのが手軽でおすすめです。葉が伸びすぎていない、つぼみの多いもので、下葉が傷んでいない、緑がきれいなものを選びます。

**オザキ流 育て方** 水はけのよい用土で日当たりのよい場所に植えます。鉢植えは用土が乾いたらたっぷりと水を与えます。庭植えは肥料不要です。混み合ったら掘り上げて秋に植え替えます。

# クルクマ

エキゾチックで鮮やかな花

ショウガ科ウコン属 多年草（球根）

庭植え
鉢植え
耐暑性
丈夫

1：中型で花つきがよい“**メーテンサンライズ**” 2：コンパクトで白花の“**ホワイトジャスミン**”

| | 1 | 2 | 3 | 4 | 5 | 6 | 7 | 8 | 9 | 10 | 11 | 12 |
|---|---|---|---|---|---|---|---|---|---|---|---|---|
| 開花期 | | | | | | | | | | | | |
| 置き場所 | | | | | | | 日なた〜半日陰 | | | | | |
| 植えつけ・植え替え | | | | | | ポット苗・球根 | | | | 球根 | | |
| 手入れ | | | | | | | 花がら摘み | | | 掘り上げ | | |

ショウガやウコンの仲間で、夏の暑さに負けずに長期間開花することから人気が出てきました。夏の切り花としても流通しています。花色は主にピンクから白で、花のように見える部分は苞で、その中に本来の小さな花が入っています。

以前は大型種が中心でしたが、近年は庭や花壇、鉢植えに向く中型種や小型種がふえてきました。花色も鮮やかな色だけでなく、淡いピンクや複色が登場しています。

**オザキ流 選び方** 球根は春から流通しますが、6〜7月に芽出しのポット苗が出回ります。ポット苗を入手して植え替えるのが手軽でおすすめです。葉が伸びすぎていない、つぼみの多いもので、下葉が傷んでいない、緑がきれいなものを選びます。

**オザキ流 育て方** 水はけのよい用土で日当たりのよい場所に植えます。乾燥を嫌うため、真夏は朝と夕方の2回水やりします。半日陰でも育ちますが、日なたのほうが花つきがよいです。秋に掘り上げ、冬は室内で保管します。

# ヘリオトロープ

## 甘い芳香のある花が魅力

ムラサキ科キダチルリ属
一年草、多年草、低木

1：とても甘い香りがするヘリオトロープ　2：さわやかな黄緑色の葉で淡い紫色の花の**“ライム”**

世界の熱帯から温帯に250種以上があり、バニラに似た甘い香りがする花です。花から抽出した精油が香水の原料になり、紫または白色の小さな花がドーム状に密集して咲きます。代表的なのはペルー原産のキダチルリソウで、関東平野部以西なら軒下で冬越しできます。2年目以降は茎が木質化して低木になります。水切れすると葉が急に落ちて株が傷むので、完全に水が切れないように注意して育てます。

**オザキ流 選び方**　3～4月に多くのポット苗や開花鉢が出回るので、入手して植えつけます。株元の茎が太くて分岐が多く、葉の緑色が濃くてきれいなものを選びます。株の中心につぼみがたくさんついているものがおすすめです。

**オザキ流 育て方**　日当たりと風通しがよい場所を好みます。水もちと水はけを兼ね備えた用土に苦土石灰を混ぜてから植えつけ、水切れしないように気をつけます。咲き終わった花をこまめに摘み、伸びすぎたら切り戻します。

| | 1 | 2 | 3 | 4 | 5 | 6 | 7 | 8 | 9 | 10 | 11 | 12 |
|---|---|---|---|---|---|---|---|---|---|---|---|---|
| 開花期 | | | | | | | | | | | | |
| 置き場所 | 軒下か室内 | | | 日なた | | | | | | | 軒下か室内 | |
| 植えつけ・植え替え | | | | | | | | | | | | |
| 手入れ | | | 花がら摘みと切り戻し | | | | | | | | | |

鉢植え　庭植え



# ランタナ

## 小さな手まり状の可憐な花

クマツヅラ科ランタナ属
低木

カラフルな小花が集まって手まり状になり、庭や花壇で人気があります。耐暑性があり、真夏でも休まずに開花します。また、多少の乾燥にも耐え、とても丈夫で育てやすい低木で、長期間たくさんの花を咲かせます。

花色は、主にピンクと白、オレンジ色と黄色で、複色の品種もあります。以前ははっきりとした濃いビビッドカラーしかありませんでしたが、近年は淡いレモンイエローやパステルピンク、アプリコット色もあります。

**オザキ流 選び方**　春からポット苗が流通しますが、6～7月に花つきの苗が出回ります。花色と葉色のバランスを見て、好みのポット苗を購入するのがおすすめです。いずれも節が詰まって株張りがよく、葉がきれいなものを選びましょう。

1：従来より夏の暑さに強い七変化（しちへんげ）**“ローズ”**
2：分枝と花つきがよい**“レインボーオレンジ”**

**オザキ流 育て方**　半日陰でも育ちますが、日なたのほうが花つきはよくなります。水はけと適度な保湿性のある用土に元肥として緩効性化成肥料を植え穴の用土に混ぜて植え、薄めた液肥を月に2～3回与えます。花がらは摘み取ります。

| | 1 | 2 | 3 | 4 | 5 | 6 | 7 | 8 | 9 | 10 | 11 | 12 |
|---|---|---|---|---|---|---|---|---|---|---|---|---|
| 開花期 | | | | | | | | | | | | |
| 置き場所 | 日なた～半日陰 | | | | | | | | | | | |
| 植えつけ・植え替え | | | | | | | | | | | | |
| 手入れ | | | | | 花がら摘みと切り戻し | | | | | | | |

庭植え　鉢植え　耐暑性　丈夫

## リシマキア

主役にも脇役にもなる草花

サクラソウ科リシマキア属
一年草、多年草

庭植え　鉢植え　耐寒性

1：暗紫色の花穂と茎、シルバーリーフが目を引くリシマキア“ボジョレー”　2：暗紫色で複雑な数色の斑が入る“シューティングスター”

| | 1 | 2 | 3 | 4 | 5 | 6 | 7 | 8 | 9 | 10 | 11 | 12 |
|---|---|---|---|---|---|---|---|---|---|---|---|---|
| 開花期 | | | | | | | | | | | | |
| 置き場所 | | | | | | 日なた〜半日陰 | | | | | | |
| 植えつけ・植え替え | | | | | | | | | | | | |
| 手入れ | | | | | | 花がら摘み | | | | | | |

北半球を中心に200種以上の原種が分布します。木立性、横に広がるタイプ、低く這うタイプと、主に3タイプの草姿に分かれます。日本に自生する代表的な仲間には、オカトラノオがあります。イングリッシュガーデンでは丸い黄金色の葉が這うように広がるリシマキア・ヌンムラリア“オーレア”が親しまれています。花壇や寄せ植えでは、木立性の“ボジョレー”や、ほふく性で暗紫色の葉をもつ“シューティングスター”が人気です。

オザキ流 選び方　通年流通しますが、4〜5月に多くのポット苗が出回ります。葉色と葉形、花色とのバランスを見て、好みのポット苗を購入するのがおすすめです。いずれも節が詰まって株張りがよく、葉がきれいなものを選びましょう。

オザキ流 育て方　日当たりから明るい半日陰まで育ち、湿り気のある腐植質を多く混ぜ込んだ用土を好みます。乾燥を嫌うので水切れしないようにたっぷりと水を与え、鉢の用土が乾燥しすぎないように注意します。

## ディアスキア

小さな金魚のような花

オオバコ科(旧ゴマノハグサ科)ディアスキア属
一年草、多年草

南アフリカに約70種が自生しています。小さな金魚のような花形で、花には袋状になった2個の距があるのが特徴です。一年草と多年草があります。

白やピンク、オレンジ、紫などのカラフルな花色が主流でしたが、近年は淡いピンクやアプリコット色などのニュアンスカラーの品種も登場し、自然な色合いで周囲の草花とも調和しやすいことから人気があります。花がふっくらと大きな品種も好評です。

オザキ流 選び方　4月に多くのポット苗が出回るので、入手して植えつけます。株元の茎が太くて分岐が多く、葉がピンとして張りがあり、下葉まできれいなものを選びます。また、花やつぼみがたくさんついているものがおすすめです。

鉢植え　庭植え　耐寒性　丈夫

| | 1 | 2 | 3 | 4 | 5 | 6 | 7 | 8 | 9 | 10 | 11 | 12 |
|---|---|---|---|---|---|---|---|---|---|---|---|---|
| 開花期 | | | | | | | | | | | | |
| 置き場所 | | | 日なた | | | | 半日陰 | | | | 日なた | |
| 植えつけ・植え替え | | | | | | | | | | | | |
| 手入れ | | | | 花がら摘み | | | | | | | 花がら摘み | |

1：淡いピンクで花が大きな“ダーラ アップルブロッサム”
2：サンゴ色の小花が咲く“ラパージュ コーラルローズ”

オザキ流 育て方　高温と多湿に弱いため、春と秋は日なたで管理し、梅雨から秋の彼岸までは雨を避けて半日陰で涼しく管理します。植えつけ時に緩効性化成肥料を用土に混ぜます。花が終わったら落ちた花がらを拾います。

# ギボウシ

## 半日陰を明るく彩る葉

キジカクシ科ギボウシ属　多年草

東アジアに40種ほどの原種が自生しています。中でも日本にもっとも多くの原種が分布しており、平安時代から栽培されています。花も楽しめますが、どちらかというと葉の美しさを楽しむ「リーフプランツ」として親しまれ、育種も盛んに行われて多くの品種があります。斑入りや明るい葉色の品種を中心に、強い直射日光を嫌うものが多く、葉色や葉形が豊富なので、シェードガーデンで変化のある配色を楽しむのに最適です。

**オザキ流 選び方**　4月から夏にかけて、多くのポット苗や開花鉢が出回ります。株元が太くて葉の数が多く、葉色がはっきりしたきれいなものを選びます。株の中心にしっかりとした花穂が複数あるものがおすすめです。

**オザキ流 育て方**　明るい半日陰で風通しがよい場所を好みます。水切れしないように、用土に腐葉土か堆肥を入れてよく混ぜて植えつけます。肥料はあまり必要としません。咲き終わった花は花茎のつけ根で切ります。

1：葉の縁に黄色い斑が入る"グラウンドプライズ"
2：黄緑色の葉に不規則な斑入りの"スパルタカス"

| | 1 | 2 | 3 | 4 | 5 | 6 | 7 | 8 | 9 | 10 | 11 | 12 |
|---|---|---|---|---|---|---|---|---|---|---|---|---|
| 開花期 | | | | | | | | | | | | |
| 置き場所 | | | | | | | 明るい半日陰 | | | | | |
| 植えつけ・植え替え | | | | | | | | | | | | |
| 手入れ | | | | | | | 花がら摘み | | | | | |

庭植え　鉢植え　耐寒性

# ナスタチウム

## 葉も花もおいしいハーブ

ノウゼンハレン科ノウゼンハレン属　一年草

南アメリカ原産の一年草で、丸い葉をもちます。ナス、ピーマン、トマトなどのナス科野菜やキャベツ、カブなどのアブラナ科野菜のコンパニオンプランツに利用されます。

**オザキ流 選び方**　春にポット苗や開花苗が出回ります。つぼみや花、株元の分岐が多く、葉がきれいなものを選びます。

**オザキ流 育て方**　春にポット苗を植えます。日当たりと水はけのよい場所で乾燥気味に育てます。植えつけ時に緩効性化成肥料を植え穴の用土に混ぜます。7月に切り戻します。

| | 1 | 2 | 3 | 4 | 5 | 6 | 7 | 8 | 9 | 10 | 11 | 12 |
|---|---|---|---|---|---|---|---|---|---|---|---|---|
| 開花期 | | | | | | | | | | | | |
| 置き場所 | | | | | | | 日なた | | | | | |
| 植えつけ・植え替え | | | | | | | | | | | | |
| 手入れ | | | | | | | 切り戻し | | 花と葉の収穫 | | | |

鉢植え　庭植え

# 花オレガノ

## 花もちがよくて芳香がある

シソ科ハナハッカ属　多年草

オレガノの仲間で、ホップのような花(苞)が咲く多年草です。香りがよく、ドライフラワーとしても利用されています。丈夫で育てやすいです。

**オザキ流 選び方**　3〜4月につぼみつきの開花苗が出回ります。つぼみや花、株元の分岐が多く、葉がきれいなものを選びます。

**オザキ流 育て方**　日当たりと風通しのよい場所で、水はけのよい用土で育てます。花が咲いたら、収穫しながら摘芯します。真夏は1/3を切り戻してから半日陰に移動します。

| | 1 | 2 | 3 | 4 | 5 | 6 | 7 | 8 | 9 | 10 | 11 | 12 |
|---|---|---|---|---|---|---|---|---|---|---|---|---|
| 開花期 | | | | | | | | | | | | |
| 置き場所 | | | | 日なた | | | 半日陰 | | | 日なた | | |
| 植えつけ・植え替え | | | | | | | | | | | | |
| 手入れ | | | | 摘芯 | | | 切り戻し | | | | | |

庭植え　鉢植え　耐寒性　丈夫

# マリーゴールド

ビタミンカラーの夏の花

キク科マンジュギク属　一年草（一部は多年草）

メキシコから南アフリカにかけて50種ほどの原種が自生していますが、多く栽培されているのはアフリカンマリーゴールド、フレンチマリーゴールド、メキシカンマリーゴールドの3種です。

フレンチ種は、厳しい暑さや寒さがやや苦手です。暑さで弱った株や草姿が乱れた株は夏の終わりに切り戻します。アフリカン種は暑さに強く寒さが苦手で、メキシカン種は暑さが苦手です。この3種類は一年草タイプとして栽培されています。

近年ハーブとして人気が出てきたレモニー種は、葉や茎に柑橘系の香りがあり、レモンマリーゴールドとも呼ばれています。ルシダ種はミントマリーゴールドとも呼ばれ、切り花としても人気があります。この2種類は比較的耐寒性もあり、関東以西平野部なら冬越しできることから、多年草タイプとして扱われます。

**オザキ流 選び方**

春から苗が流通しますが、4〜6月に多くのポット苗や開花鉢が出回ります。好みの品種を見つけてポット苗を購入するのがおすすめです。節が詰まって株元の分岐が多く、どっしりした苗でつぼみの多いものを選びます。また、下葉を確認して葉が茶色く傷んでいないものを選びます。

**オザキ流 育て方**

どの種も日当たりのよい場所で育てます。水はけのよい用土を好みますが、あまり土質は選びません。窒素肥料を与えすぎると葉ばかり茂るので、肥料の成分表を確認してから窒素分の割合が控えめなものを与えます。

乾燥には比較的強いので、表土が乾いてからたっぷりと水やりをします。夏の高温乾燥期にハダニの被害を受けやすいので、早めに適用のある薬剤を2〜3回散布します。

咲き終わった花をそのままにしておくと、病気の原因になります。こまめに花がらを茎のつけ根から取り除きましょう。8〜9月に伸びすぎた株の1/3を切り戻すと、秋に再びこんもりとした株に育ち、花数がふえます。

庭植え
鉢植え
耐暑性
丈夫

| | 1 | 2 | 3 | 4 | 5 | 6 | 7 | 8 | 9 | 10 | 11 | 12 |
|---|---|---|---|---|---|---|---|---|---|---|---|---|
| 開花期 | | | | | | | | | | | | |
| 置き場所 | | | | | | 日なた | | | | | | |
| 植えつけ・植え替え | | | | | | | | | | | | |
| 手入れ | | | | | | 花がら摘み | | 切り戻し | | | | |

1

2

1：大輪のアフリカン種でポンポン咲きの黄色の花（一年草タイプ）　2：草丈が低く枝分かれの多いフレンチマリーゴールド（一年草タイプ）

1

2

3

4

1：可憐な花とレモンの香りのレモンマリーゴールド（多年草タイプ）　2：大輪のアフリカン種でクリーム色の花になる**“バニラ”**（一年草タイプ）　3：大輪のアフリカン種で矮性の**“ホワイトゴールド ミニ”**（一年草タイプ）　4：シックなニュアンスカラーの**“ストロベリーブロンド”**（一年草タイプ）

# ジニア

## 長く開花して百日草と呼ばれる

キク科ヒャクニチソウ属　一年草

1 2

1：高性のエレガンス種でアンティークカラーが人気の**“クイーンレッドライム”** 2：矮性で花つきがよいプロフュージョン**“レモン”**

メキシコ原産で、丈夫で育てやすく、春から秋まで長期間開花します。長く咲き続けるところから、ヒャクニチソウの和名で呼ばれます。

花もちがとてもよいことから、以前は仏花のイメージがありましたが、ガーデニング向きの矮性種が登場したことから、花壇に向くカラフルな花という印象に変わってきました。流通しているのは花が大きなエレガンス種、葉が細いリネアリス種、この2種類を交雑させたプロフュージョン種などがあります。

また、切り花用の高性種も、以前はビビッドな花色が主流でしたが、淡いピンクやアプリコットにライトグリーン、白地にピンクのフラッシュなど、おしゃれでナチュラルな雰囲気をもつ品種が多数登場し、近年は印象が大きく変わってきました。

**オザキ流 選び方** 春からポット苗が流通しますが、5～6月に花やつぼみがついて充実したポット苗が出回ります。花色や花形がとても豊富なので、好きな花を見つけてポット苗を購入するのがおすすめです。いずれも節が詰まって株元の分岐が多く、どっしりした苗でつぼみの多いものを選びます。

**オザキ流 育て方** 日当たりと風通しのよい場所を好みます。水はけのよい用土なら、特に土質は選びません。鉢植えなら市販の草花用培養土で植えつけます。

比較的乾燥にも耐え、花壇では根づけば極端な乾燥以外は水やりの心配もいりません。葉がしおれるほどの乾燥は花数が減るので注意します。株元の用土に静かに水やりします。花に水がかかったり、花壇の土から水が跳ね上がると病気の原因になります。

肥料は植えつける際に緩効性化成肥料を植え穴の用土に混ぜます。肥料切れを起こすと花数が減るので、2週間に1回、薄めた液肥を与えます。花がらはこまめに取り除き、夏に伸びた茎を1/3切り戻しましょう。

1 2

3 4

1：葉が細くて小さく、花も小型のリネアリス種 2：華やかな大輪で八重咲きの**“ザハラ ダブルストロベリー”** 3：矮性で花つきがよいプロフュージョン**“オレンジ”** 4：色幅がある複色咲きの**“ジャジー”**

| | 1 | 2 | 3 | 4 | 5 | 6 | 7 | 8 | 9 | 10 | 11 | 12 |
|---|---|---|---|---|---|---|---|---|---|---|---|---|
| 開花期 | | | | | | | | | | | | |
| 置き場所 | | | | | | | | 日なた | | | | |
| 植えつけ・植え替え | | | | | | | | | | | | |
| 手入れ | | | | | | 花がら摘み | | 切り戻し | | | | |

庭植え　鉢植え　耐暑性　丈夫

# エキナセア

夏によく咲く存在感のある花

キク科エキナセア属　多年草

1：さわやかなライムカラーで花芯が緑色の**“グリーンジュエル”** 2：大型で強健なエキナセア プルプレア

北アメリカに6種類が自生する多年草で、育てやすくて日本でも人気が高い花のひとつです。

開花が進むにつれて花の中央が盛り上がり、花弁が放射状に広がってつきます。耐寒性も耐暑性もあり、丈夫で育てやすい多年草です。もっともよく流通するのはムラサキバレンギクという和名で呼ばれるプルプレア種です。これ以外にも細葉のアングスティフォリア種や黄花のパラドクサ種などが栽培されています。従来はプルプレア種に代表される、一重咲きでピンクの花ばかりでしたが、近年になって急速に育種が進み、花色はオレンジやライムカラー、二色咲きなども登場してきました。花形では中央が花弁化した八重咲きの品種が次々と作出されて、これまでのイメージが大きく変わりました。

オザキ流 選び方　5～7月に花やつぼみがついたポット苗、秋には苗が出回ります。春にも苗は出回りますが、10～11月に植えつけてしっかり根を張らせるのがおすすめです。開花株はすぐに寄せ植えやコンテナガーデンでも楽しめます。

オザキ流 育て方　日当たりと風通しのよい場所を好みます。水はけのよい用土を使い、鉢植えなら市販の草花用培養土を利用すると手軽で便利です。

乾燥にも強く、花壇では根づけば極端な乾燥以外は水やりの心配もいりません。開花が始まったら、葉がしおれるほど極端に乾燥すると花数が減るので水切れしないように気をつけます。水やりは株元の用土に与えます。

肥料は植えつけ時に緩効性化成肥料を植え穴の用土に混ぜます。肥料切れを起こすと花数が減るので、2週間に1回、薄めた液肥を与えます。花がらがあると美観を損ねるため、こまめに取ります。花後の秋に葉が枯れたら、地上部を5cm残して切り戻します。

| | 1 | 2 | 3 | 4 | 5 | 6 | 7 | 8 | 9 | 10 | 11 | 12 |
|---|---|---|---|---|---|---|---|---|---|---|---|---|
| 開花期 | | | | | | | | | | | | |
| 置き場所 | | | | | | 日なた | | | | | | |
| 植えつけ・植え替え | | | | | | | | | | | | |
| 手入れ | | | | | | | | | 切り戻し | | | |

庭植え　鉢植え　耐寒性　耐暑性　丈夫

1：紫色と黄緑色の二色咲き、**“プレーリーブレイズ ヴィンテージライム”** 2：コンパクトな草丈でオレンジの花、**“オレンジパッション”** 3：ピンクの八重咲きで育てやすい**“ラズマタズ”** 4：大輪で濃いピンク色の**“プレーリースプレンダー ”**

# ロベリア

小さな花が涼しげに咲く

キキョウ科ロベリア属　多年草、一年草

青や紫色で蝶のような小さな花が株いっぱいに咲きます。多く流通しているのは南アフリカ原産の一年草、ロベリア エリヌスの園芸品種です。コンパクトな草丈で、長期間、かわいい花を楽しめます。

日本に自生するサワギキョウもロベリアの仲間で、直立する花穂に蝶のような小さな花を咲かせます。サワギキョウは多年草です。

近年はやや耐寒性があり、細長い葉や茎を長く伸ばす“プリンセスブルー”や“パラシオンブルー”などの多年草タイプが人気で、涼し気なブルー系の花色とともに、ナチュラルな草姿が好感を呼んでいます。

もともと、花色は青、紫、白、ピンク、赤がありますが、夏に咲く花としては、やはりさわやかな青や紫、白とその複色の組み合わせが人気です。

オザキ流 選び方　春から夏にかけて花やつぼみつきのポット苗や開花鉢が出回ります。手軽なのは4～5月に流通する、しっかり育って充実した開花苗を購入することです。茎が太くてどっしりした株でつぼみが多く、株元の分岐が多いものを選びます。また株元が蒸れて傷んでいないものがよいでしょう。

1

オススメ New 新品種

2

1：花が大きく鮮やかなロベリア リビエラ（一年草タイプ）　2：繊細な葉や茎で濃い青花の“**パラシオンブルー**”（多年草タイプ）

オススメ New 新品種

1

2

3

4

1：ふんわりと草丈が伸び、白い花が咲く“**ホワイトエール**”（多年草タイプ）　2：濃い青紫色で中心が白く抜ける“**マリンアイ**”（多年草タイプ）　3：紫がかった葉に濃い青紫色の花が咲く“**エンジェル ダークブルー**”（多年草タイプ）　4：四季咲き性があり、横に広がって育つ“**ホットプラス セイラー**”（多年草タイプ）

オザキ流 育て方　日当たりと風通しのよい場所で育てます。水やりは、用土が乾いてからたっぷりと与え、水切れしないように気をつけます。多年草タイプは、夏の間は半日陰に移動し、西日が当たらない場所に置きます。根腐れしないように、鉢植えはこまめに鉢皿の水を捨てましょう。

多年草タイプやサワギキョウは、水はけのよい用土を好むため、市販の山野草用の用土を使ってもよいでしょう。花がらをそのままにしておくと病気の原因になるため、花後は花がらを取り除きます。開花中は月に2～3回、薄めた液肥を与えます。一年草タイプは7～8月に1/3を切り戻して草姿を整えます。

| | 1 | 2 | 3 | 4 | 5 | 6 | 7 | 8 | 9 | 10 | 11 | 12 |
|---|---|---|---|---|---|---|---|---|---|---|---|---|
| 開花期 | | | | | | | | | | | | |
| 置き場所 | | | 日なた | | | | 半日陰（一部） | | | | 日なた | |
| 植えつけ・植え替え | | | | | | | | | | | | |
| 手入れ | | | | 花がら摘み | | | 切り戻し | | | | | |

庭植え

鉢植え

耐寒性

丈夫

# ガイラルディア

夏らしい赤や黄色の花が咲く

キク科テンニンギク属　一年草、多年草

アメリカ原産で、20種が自生します。丈夫で育てやすく、春から秋まで長期間開花します。日本の寒さに耐えられずに枯れる一年草タイプと、耐寒性があって毎年花を咲かせる多年草タイプがあります。

以前は一重のはっきりした黄色の花と濃いオレンジと黄色の二色咲きというイメージがありましたが、花弁が多くてふんわりとした花形の八重咲き種が登場したことから、シックで目を引く注目の花という印象に変わってきました。

流通しているのは花が大きな多年草のアリスタータ種、小型で一年草のプルケラ種、この2種類を交雑させたグランディフローラ種などがあります。以前はビビッドな花色が主流でしたが、八重咲きのガリアシリーズの登場で大きく印象が変わり、ナチュラルでシックな花色をもつことから花壇や寄せ植えに使いたい人気の花になっています。

オザキ流 選び方

春からポット苗が流通しますが、5〜6月に花やつぼみがついて充実したポット苗が出回ります。花色や花形がとても豊富なので、好きな花を見つけてポット苗を購入するのがおすすめです。いずれも節が詰まって株元の分岐が多く、どっしりした苗でつぼみの多いものを選びます。

オザキ流 育て方

日当たりと風通しのよい場所を好みます。水はけのよい用土なら、特に土質は選びません。鉢植えなら市販の草花用培養土で植えつけます。

比較的乾燥にも耐え、花壇では、根づけば極端な乾燥以外は水やりの心配もいりませんが、葉がしおれるほど乾燥すると花数が減るので注意します。水やりは株元の用土に与えます。花に水がかかったり、花壇の土から水が跳ね上がると病気の原因になります。

肥料は植えつける際に緩効性化成肥料を植え穴の用土に混ぜます。肥料切れを起こすと花数が減るので、2週間に1回、薄めた液肥を与えます。花がらがあると美観を損ねるため、こまめに取ります。花後の秋に葉が枯れたら、地上部を5cm残して切り戻します。

庭植え
鉢植え
耐寒性
耐暑性
丈夫

| | 1 | 2 | 3 | 4 | 5 | 6 | 7 | 8 | 9 | 10 | 11 | 12 |
|---|---|---|---|---|---|---|---|---|---|---|---|---|
| 開花期 | | | | | | | | | | | | |
| 置き場所 | | | | | | 日なた | | | | | | |
| 植えつけ・植え替え | | | | | | | | | | | | |
| 手入れ | | | | | | | 花がら摘み | | | | 切り戻し | |

1

2

1：高性でアンティークカラーが人気の“**ガリア ピンクスパーク**”　2：シックな濃いオレンジ色の“**スピントップ**”

1：高性でボリュームがあるイエロー系の“**ガリア コーラルスパーク**”　2：大輪の二色咲きで強健な“**ガスト**”　3：華やかな八重咲きの“**レッドプルーム**”

3

1

2

# ペンタス

長く咲く小さな星形の花

アカネ科ペンタス属　低木（一年草扱い）

1：深紅の花がシックな“**グラフィティーレッドベルベット**” 2：矮性で分枝がよく、育てやすい“**グラフィティーピンク**”

熱帯アフリカ原産で、本来は常緑性の低木ですが、日本の寒さでは越冬できないため、一年草として扱います。

暑さに負けずに初夏から秋まで分枝して茂りながら長期間開花します。

草丈が1mを超える高性種もありますが、花壇や寄せ植えでは矮性に改良された小型種が向いています。特に花壇では夏の間中、あまり手間もかからずによく咲くのでおすすめです。ピンクや白が主流でしたが、育種が進んで赤花や斑入り葉種もあり、近年登場した青に近い紫色が人気です。ペンタスのイメージを大きく変える花色なので、鉢植えにして庭のポイントにしても目を引きます。赤やピンクにも、やさしいパステル調の花色が出てきました。

基本は一重咲きですが、ボリューム感のある八重咲きも登場しています。

1：上品なパステルカラーの“**アップルブロッサム**” 2：濃いピンクの覆輪が入る “**ギャラクシー** ” 3：八重咲きで注目の淡い紫色の花、“**ライカブルー** ”

**オザキ流 選び方** 春から流通しますが、5～6月に多くのポット苗と開花鉢が出回ります。好みの花色や花形を選びましょう。茎が太くて節が詰まり、株元の分岐が多く、充実したつぼみの多い苗を選びます。また、下葉を確認して黄色く傷んでいないものを選びます。

**オザキ流 育て方** 日当たりと風通しのよい場所を好みます。耐暑性はありますが、蒸れにはやや弱いので水はけのよい用土を使い、やや間隔をあけて植えつけて風通しよく育てます。比較的乾燥にも強いのですが、水切れすると株が傷み、一時的に花数が減ります。一度根づけば、庭植えなら極端な乾燥以外は、あまり水やりの心配はいりません。乾いたらたっぷりと水やりする程度でよく育ちます。

開花期間が長いため、肥料切れすると花が咲かなくなります。元肥として緩効性化成肥料を植え穴に混ぜ込むほか、月に2～3回薄めた液肥を与えます。

風通しが悪いと病気になりやすいため、密に育ったら透かすように間引きます。

| | 1 | 2 | 3 | 4 | 5 | 6 | 7 | 8 | 9 | 10 | 11 | 12 |
|---|---|---|---|---|---|---|---|---|---|---|---|---|
| 開花期 | | | | | | | | | | | | |
| 置き場所 | | | | | | | 日なた | | | | | |
| 植えつけ・植え替え | | | | | | | | | | | | |
| 手入れ | | | | | | | 花がら摘み | | | | | |

庭植え
鉢植え
耐暑性
丈夫

# コレオプシス

風に揺れるほっそりした花

キク科コレオプシス属　多年草、一年草

1：繊細な花が株いっぱいに咲き続ける **“ウリドーム”** 2：コンパクトな草丈で多花性の **“ソーラームーン”** 3：くっきりした斑入り葉のグランディフローラ **“バリエガータ”** 4：ピンクの濃淡が目を引く **“ガーネット”**

明るい花色で細くしなやかな花や葉が風にそよぎ、さわやかな草姿を長期間楽しめます。北アメリカを中心に100種ほどの原種が自生します。花数がふえて目立ってくるのは夏ですが、春から夏、秋までの長期間開花が続きます。暑さにも寒さにも強く、強健で育てやすいことから、これからますます注目される花になりそうです。これまでのイメージが一新されるような大きくて目立つ花やポンポン咲き、花弁に切れ込みが入る花などが登場しています。

オザキ流 選び方

春から秋に流通しますが、5～6月に花やつぼみつきのポット苗が出回ります。花色や花形がとても豊富なので、好きな花を見つけてポット苗を購入するのがおすすめです。いずれも節が詰まって株元の分岐が多く、どっしりした苗でつぼみの多いものを選びます。また、下葉を確認して葉が傷んでいないものを選びます。

庭植え

鉢植え

耐寒性

耐暑性

丈夫

| | 1 | 2 | 3 | 4 | 5 | 6 | 7 | 8 | 9 | 10 | 11 | 12 |
|---|---|---|---|---|---|---|---|---|---|---|---|---|
| 開花期 | | | | | | | | | | | | |
| 置き場所 | | | | | | 日なた | | | | | | |
| 植えつけ・植え替え | | | | | | | | | | | | |
| 手入れ | | | | | | 切り戻し | | | 花がら摘み | | | |

以前はイトバハルシャギクの和名で親しまれるバーティシラータ種が流通の主流で、ロゼア種、グランディフローラ種が少し出回っているといった状況でした。近年は育種によって、これらの種間交雑による新しいタイプの園芸品種が多く作出されています。

花色では、従来の黄色やオレンジ、ピンク以外にも、淡い黄色や中心に濃い茶色の模様が入るもの、アプリコット系に色幅があるもの、濃いピンクと淡い黄色の二色咲きなど、植えたくなる花色が多数登場しています。

オザキ流 育て方 日当たりと水はけのよい場所を好むため、屋外の日なたで育てます。日照が足りないとうまく育たないため、日当たり優先で植える場所を選びましょう。

鉢植えは、用土が乾いたらたっぷりと水やりします。庭や花壇では、植えつけ後2週間までは水切れに気をつけますが、活着してしまえば乾いたときに水やりする程度で手間がかかりません。

草丈が高くなるものは、無肥料のほうがしっかりと育ちます。鉢植えなら、開花中は月に2～3回薄めた液肥を与えましょう。

開花期が長いため、咲き終わった花はこまめに花がらを取り除きましょう。6～7月に全体の1/2くらいに切り戻すとバランスがとれて分枝がよくなるため、その後の花数もふえます。

1

2

3

4

1：ニュアンスのあるアンティークカラー、“ソランナ サンセットバースト” 2：豪華なポンポン咲きの“ソランナ ゴールデンスフィアー” 3：黄色の中心に赤が入る“バリニーズ” 4：コンパクトな草丈の“ソランナ ブライドタッチ”



1：淡い黄色で大輪の“フルムーン” 2：強健で育てやすく、濃いピンクとクリーム色の“スタークラスター”

1

2

# インパチェンス

夏の半日陰に広がる花

ツリフネソウ科ツリフネソウ属　多年草（一年草扱い）

ホウセンカの仲間で、オーストラリア、ニュージーランド、南アフリカを除く、世界中の温帯から熱帯地域にかけて800種以上の原種が自生しています。

暑さには強いですが、強い日差しが苦手なため、半日陰で強光を避けます。同じ仲間のニューギニアインパチェンスは、多少光に強いのですが、西日は避けます。寒さに弱く、冬越しには10度以上が必要なため、日本では一年草として扱われます。

以前はシンプルな一重咲きの花しかありませんでしたが、近年は育種が進み、バラのように優雅な八重咲きで大輪の品種も登場し、従来のイメージを大きく変えました。花色は、はっきりした赤、白、ピンクが主流でしたが、淡いパステルカラーや色幅がある花も作出されています。ニューギニアインパチェンスは、従来よりも強健で大きく育つようになっています。

**オザキ流 選び方**　4月から流通しますが、5〜6月に多くのポット苗が出回ります。茎が太くて節が詰まり、株元の分岐が多くてぐらぐらしていないものがよいでしょう。充実したつぼみの多い苗を選びます。また、下葉を確認して黄色く傷んでいないものを選びます。

**オザキ流 育て方**　強い日差しが苦手なため、半日陰で育てます。水はけと水もちのよい、肥沃で軽めの用土を好みます。花壇や鉢植えなら草花用の用土に腐葉土を多めによく混ぜるとよいでしょう。水切れには弱いのですが、過湿も嫌います。用土の表面が乾いたら、早めにたっぷりと水やりします。

開花期が長いため、肥料を好みます。植えつけ時に植え穴に緩効性化成肥料を混ぜるほか、月に3〜4回薄めた液肥を与えます。株が大きくなると、蒸れやすいので7〜8月に全体の1/3を切り戻し、密になった部分を透かすように切ります。ニューギニアインパチェンスの鉢植えは、根詰まりを起こしやすいので早めに植え替えます。

庭植え　鉢植え　耐暑性　丈夫

| | 1 | 2 | 3 | 4 | 5 | 6 | 7 | 8 | 9 | 10 | 11 | 12 |
|---|---|---|---|---|---|---|---|---|---|---|---|---|
| 開花期 | | | | | | | | | | | | |
| 置き場所 | | | | | | 半日陰 | | | | | | |
| 植えつけ・植え替え | | | | | | | | | | | | |
| 手入れ | | | | | | | 切り戻し | | | | | |

1：一重咲きで中心に赤が入る二色咲き。成長するとボリューム感が出る　2：ローズピンクで八重咲きの“**カンタービレ ピンクアロマ**”

1：上品な淡いピンクの花のニューギニアインパチェンス“**ワイルドロマンス ピンク**”　2：ニュアンスのあるバラのような八重咲きで大輪の“**ムシカ**”シリーズ　3：豪華な八重咲きの“**カンタービレ マゼンタ**”　4：庭に植えると長くたくさん咲き続ける、シンプルな一重咲きの赤い花。

# スカビオサ

小花が集まった繊細な花

スイカズラ科マツムシソウ属
多年草、一年草、二年草

庭植え　鉢植え　耐寒性

高原の花畑を彩る花として親しまれるマツムシソウの仲間です。小さな花が集まった繊細な印象で、外側に広がったユニークな花形が魅力です。多く流通するのは比較的育てやすく、セイヨウマツムシソウとも呼ばれるアトロプルプレア種で、園芸品種も多く花色もバリエーションがあります。また、大輪で優雅な花を咲かせるコーカシカ種も鉢花などで人気があり、新しいシックな花色の品種が登場しています。

オザキ流 選び方　春と秋に、花やつぼみがついたポット苗や鉢花が出回ります。花色と花形を見て、好みのポット苗を購入するのがおすすめです。つぼみがたくさんあり、茎が太くてしっかりした、節が詰まって株張りがよいものを選びます。

1：開花期が長く、親しみやすい花形の“エコーブルー”
2：シックな花色で豪華な大輪の“ジェラート ブルーベリー”

オザキ流 育て方　日当たりのよい場所を好み、水はけのよい用土で植えつけます。高温多湿が苦手なので、夏は半日陰に移動します。肥料は春と秋に液肥を月に1〜2回与えます。花が終わったら花茎ごと花がらを切り取ります。

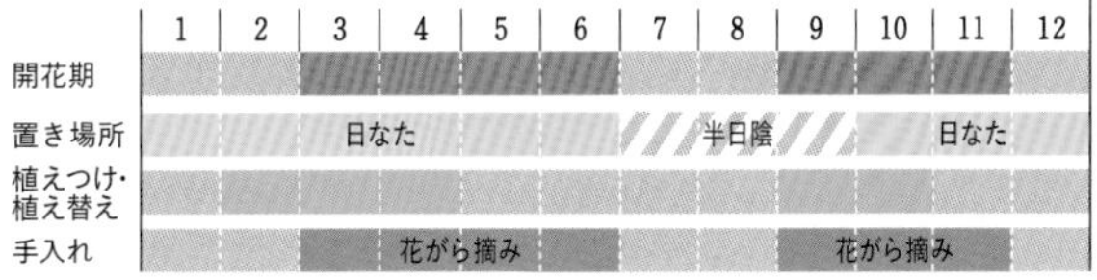




# トレニア

口を開けた魚のような花形

アゼトウガラシ科トレニア属
一年草、多年草

オススメ New 新品種

庭植え　鉢植え　耐暑性

夏の暑さにも負けず秋までずっと花が咲き続ける、ユニークな花形の草花です。

アジアからアフリカに40種が自生します。主に流通するのは一年草のフルニエリ種で、白地にピンクや紫のアクセントと黄色の目が入るカラフルな花など、複色で魚が口を開けているような花形が主流でした。近年はつる性で多年草のコンカラー種とフルニエリ種の交雑で新しい品種が登場し、美しい花色と強健さがあるので人気です。

オザキ流 選び方　5月からポット苗が出回るので、入手して植えつけます。株元の茎が太くて分岐が多く、葉がピンとして張りがあり、下葉まできれいなものを選びます。また、花やつぼみがたくさんついているものがおすすめです。

オザキ流 育て方　日なた〜半日陰の風通しがよい場所で、水切れを嫌うため、水もちのよい用土で育てます。植えつけ時に緩効性化成肥料を用土に混ぜます。花後の花茎はつけ根から切り、伸びすぎたら軽く切り戻します。

1：暑さに強く、ピンク色の花がかわいい“カタリーナ ピンクリバー” 2：濃いめの青紫色で強健な“カタリーナ ブルーリバー” 3：トレニアでは珍しい黄花の“スージーウォン”
4：ユニークな花形のトレニア フルニエリ

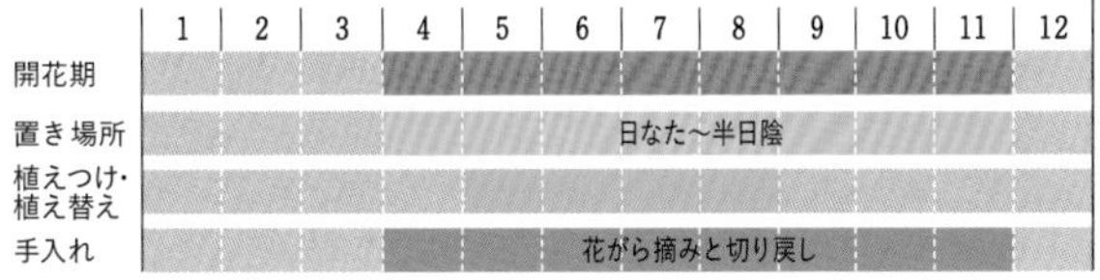

# アスチルベ

繊細な穂状の花と美しい葉

ユキノシタ科アスチルベ属　多年草

庭植え　鉢植え　耐寒性

1：矮性で花穂が大きな“**ショースター**”　2：パステルピンクの花が美しい“**デルフトレース**”

| | 1 | 2 | 3 | 4 | 5 | 6 | 7 | 8 | 9 | 10 | 11 | 12 |
|---|---|---|---|---|---|---|---|---|---|---|---|---|
| 開花期 | | | | | | | | | | | | |
| 置き場所 | | | | | | 明るい半日陰 | | | | | | |
| 植えつけ・植え替え | | | | | | | | | | | | |
| 手入れ | | | | | | 花がら摘み | | | | | | |

明るい半日陰を好むショウマの仲間で、ヨーロッパで品種改良されて人気が出ました。東アジアに25種が自生し、日本にはチダケサシなどの6種があります。繊細な花が集まった花穂を伸ばし、細かい切れ込みが多数入った葉もきれいです。

花色はピンクと白が多く、赤や紫の品種もあります。シェードガーデンを彩る植物として人気があり、また小さな庭ならグラウンドカバーとして利用してもよいでしょう。

**オザキ流 選び方**　4月から夏にかけて、多くのポット苗や開花鉢が出回るので、入手して植えつけます。株元の茎が太くて分岐が多く、葉の緑色が濃くてきれいなものを選びます。株の中心にしっかりとした花穂が複数あるものがおすすめです。

**オザキ流 育て方**　明るい半日陰で風通しがよい場所を好みます。蒸れが苦手なので、水はけのよい用土に腐葉土か堆肥を入れてよく混ぜます。肥料はあまり必要としません。咲き終わった花の花茎をつけ根で切ります。

# クレオメ

蝶に似た小さな可憐な花

フウチョウソウ科クレオメ属　一年草

庭植え　鉢植え　耐暑性　丈夫

1：小型で分枝がよく、花つきがよい“**セニョリータ ロザリータ**”　2：小型で白い花の“**セニョリータ ブランカ**”

| | 1 | 2 | 3 | 4 | 5 | 6 | 7 | 8 | 9 | 10 | 11 | 12 |
|---|---|---|---|---|---|---|---|---|---|---|---|---|
| 開花期 | | | | | | | | | | | | |
| 置き場所 | | | | | | | | 日なた | | | | |
| 植えつけ・植え替え | | | | | | | | | | | | |
| 手入れ | | | | | | | | 花がら摘みと支柱立て | | | | |

横から見ると長く突き出た雄しべと雌しべが目立ち、蝶に似た小さな花形です。耐暑性があり、真夏にも元気によく開花します。細い花穂を伸ばして先端へ向かって花が咲き進み、長期間たくさんの花を咲かせます。花色は、主にピンクと白で、紫色の品種もあります。以前は1m以上にも伸びる大型種しかありませんでしたが、近年は育種によって大型種の1/2以下の小型種も登場しました。また、パステル系の花色も作出されています。

**オザキ流 選び方**　春からポット苗が流通しますが、6月に花つきの苗が出回ります。花色と葉色のバランスを見て、好みの苗を購入するのがおすすめです。いずれも節が詰まって株張りがよく、葉がきれいなものを選びましょう。

**オザキ流 育て方**　日当たりのよい場所を好み、水はけと適度な保湿性のある用土に植えつけます。元肥として緩効性化成肥料を植え穴の用土に混ぜ、薄めた液肥を月に2〜3回与えます。咲き終わった花穂はつけ根で切ります。

# ガウラ

蝶が飛んでいるような花

アカバナ科ガウラ属　多年草

1：花立ちがよい矮性種で濃いピンクの花が美しい**“リリポップピンク”**　2：花が白とピンクの絞りになり、新葉はブロンズ色の斑入りの**“あけぼの”**

北アメリカに自生する多年草で、長く伸ばした花穂に咲く花は、蝶が飛んでいるように見えます。春から晩秋までの長期間、次々と花を咲かせながら成長していきます。楚々とした草姿ですが、育てやすく強健です。耐寒性もありながら夏の暑さにも強いため、庭のアクセントから花壇の後方、まとめて植えれば広い面積のグラウンドカバーにもなるなど、さまざまな活用方法があります。

20種ほどある原種のうち、日本に導入されたのはリンドハイメリ種だけで、当初は草丈が1mに伸びる大型の白花タイプだけでした。近年は花壇や寄せ植えにも使いやすく、都心の狭い庭にも植えやすい小型種の登場で、さらに用途が広がりました。また、花色も濃いピンクや淡いパステルピンク、可憐な二色咲きなども育種され、選択の幅が広くなりました。

1：成長すると1mほどまで伸びる大型の白花、ガウラ リンドハイメリ　2：花弁の芯が濃いピンクで、新葉がブロンズ色の**“あかね”**

**オザキ流 選び方**　春と秋に流通します。花やつぼみがついたポット苗と開花鉢があるので、用途によって植えやすい大きさを選びます。茎が太くて節が詰まり、どっしりとして株元の分岐が多く、充実したつぼみの多い苗を選びます。また、下葉を確認して黄色く傷んでいないものを選びます。

**オザキ流 育て方**　日当たりと水はけがよい場所を好むため、屋外の日なたで育てます。用土は水はけのよいものを使い、乾いてからたっぷりと水やりします。庭植えでは、植えつけて10日間くらいは水切れに注意しますが、一度根づけば、ほぼ水やりは不要です。乾燥しすぎると葉が落ちて株が傷むので気をつけましょう。肥料は植えつけ時に緩効性化成肥料を植え穴の用土に少量混ぜます。その後は肥料切れで花が咲かなくならないように、月に3回薄めた液肥を与えます。

茎が長すぎると倒れやすいため、開花が終わった花茎はつけ根から切り戻します。株全体が茂りすぎた場合は、一度地際の近くで低く刈り込んでから仕立て直します。

| | 1 | 2 | 3 | 4 | 5 | 6 | 7 | 8 | 9 | 10 | 11 | 12 |
|---|---|---|---|---|---|---|---|---|---|---|---|---|
| 開花期 | | | | | | | | | | | | |
| 置き場所 | 日なた | | | | | | | | | | | |
| 植えつけ・植え替え | | | | | | | | | | | | |
| 手入れ | | | | 花がら摘み | | 切り戻し | | | 花がら摘み | | | |

庭植え　鉢植え　耐寒性　耐暑性　丈夫

# アルテルナンテラ

丈夫で色彩豊かな葉と可憐な花

ヒユ科アルテルナンテラ属　多年草（一年草扱い）

熱帯から亜熱帯地域のアメリカ原産です。暑さに負けずにカラフルで色鮮やかな葉を茂らせ、花壇の前面や寄せ植えの手前に植えるとひと味違ったおしゃれな組み合わせになり、アクセントとして活躍します。

関東以西平野部の温暖地であれば、ほぼ周年観賞できます。主に葉を観賞しますが、千日小坊と呼ばれるポリゲンス種などの場合は、主に夏から秋に咲く花も観賞できます。

本来は常緑性ですが、日本では冬の寒さで葉が枯れたり傷んだりするものが多いため、概ね一年草として扱います。品種によって、こんもりと茂るタイプや這うように広がるタイプがあり、伸び方が異なります。紫色の斑入り葉で白くて丸い花が節々に咲くアルテルナンテラ デンタータは、丈夫で使い勝手がよく、よく成長するためコストパフォーマンスも高くて人気です。

**オザキ流 選び方**

冬以外は流通し、7〜9月に多くのポット苗と開花鉢が出回ります。好みの葉色や葉形のものを選びましょう。茎が太くて節が詰まり、株元の分岐が多く、充実した苗を選びます。また、下葉を確認して黄色く傷んでいないものを選びます。

**オザキ流 育て方**

日なたから明るい日陰まで生育しますが、日照不足だと葉の発色が冴えません。特に土質は選ばないので、市販の草花用の培養土を使います。

比較的乾燥にも強く一度根づけば、庭植えなら極端な乾燥以外は、あまり水やりの心配はいりません。乾いたらたっぷりと水やりすればよく育ちます。日本の夏の高温多湿には耐えます。

鉢植えでは、6〜10月に月に1〜2回、薄めた液肥を与えます。庭植えの場合は、肥料はあまり必要としません。

秋からの低温期に小さな花が咲く品種は、その頃に葉色が冴えます。霜や凍結にあうと傷んで枯れます。放任でも問題ありませんが、伸びすぎたら6〜10月に適宜切り戻します。

庭植え

鉢植え

耐暑性

丈夫

| | 1 | 2 | 3 | 4 | 5 | 6 | 7 | 8 | 9 | 10 | 11 | 12 |
|---|---|---|---|---|---|---|---|---|---|---|---|---|
| 開花期 | | | | | | | | | | | | |
| 置き場所 | | | | | | | | 日なた〜明るい半日陰 | | | | |
| 植えつけ・植え替え | | | | | | | | | | | | |
| 手入れ | | | | | | | | 切り戻し | | | | |

1

2

1：アルテルナンテラ　デンタータの園芸品種、"レッドフラッシュ"　2：はっきりした白い斑入り葉の"パリホワイト"

1：不規則な斑入り葉の"マーブルクイーン"　2：小型で淡いピンクの花が咲く、"千日小鈴(せんにちこすず)"　3：濃い紅色の花が多数咲く"千紅花火(せんこうはなび)"　4：赤紫色の葉で直立する"パープルプリンス"

1

2

3

4

# ガザニア

エンブレムのように目立つ花

キク科ガザニア属
多年草（一年草扱い）

黄色やオレンジ色、ピンク色や赤色の大輪で、豪華なエンブレムのようにはっきりとした花です。勲章菊（くんしょうぎく）という和名もあります。春から秋までと開花期が長く、遠くからでも目を引く花なので、花壇や寄せ植えのアクセントに向いています。花弁には光沢があるため、光に当たるとキラキラ光るのも特徴です。夜闇や悪天候の日は花を閉じます。高温多湿が苦手なため、梅雨時期の蒸れに注意が必要です。

オザキ流 選び方 5～6月頃からつぼみや花がついたポット苗が出回るので、入手して植えつけます。茎が太くて葉の数が多く、葉の緑色が濃くてきれいなものを選びます。株の中心につぼみがたくさんついているものがおすすめです。

オザキ流 育て方 日当たりがよい場所を好みます。過湿が苦手なので、水はけのよい用土で植えつけます。水やりは、用土が乾いたらたっぷりと与えます。咲き終わった花は花首から垂れ下がるので、花茎のつけ根で切り取ります。

1 2

1：シルバーリーフでオレンジ色の花が多数咲く**“ビースト シルバーティガー ”** 2：クリーム色からオレンジのグラデーション**“ビースト カナリアスマイル”**

| | 1 | 2 | 3 | 4 | 5 | 6 | 7 | 8 | 9 | 10 | 11 | 12 |
|---|---|---|---|---|---|---|---|---|---|---|---|---|
| 開花期 | | | | | | | | | | | | |
| 置き場所 | | 明るい軒下 | | | | | 日なた | | | | 明るい軒下 | |
| 植えつけ・植え替え | | | | | | | | | | | | |
| 手入れ | | | | | | | 花がら摘み | | | | | |

庭植え

鉢植え

耐暑性

環境・植え方に注意

# ジギタリス

長くて美しい花穂が印象的

オオバコ科（旧ゴマノハグサ科）
ジギタリス属　二年草、多年草

ヨーロッパを中心に、北アフリカや中央アジアなどに20種余りの原種が自生し、古くから庭で親しまれています。本来は多年草ですが、暑さに弱く、関東以西平野部の暖地では半日陰に植えても花後の夏に枯れてしまうことがあるため、二年草として扱われます。以前は筒状の花の内側に黒く目立つスポットがある花が主流でしたが、近年ではスポットのない品種や鮮やかなオレンジ色の花の品種も登場しています。

オザキ流 選び方 春に花やつぼみがついたポット苗や鉢花が出回ります。花色を見て、好みのポット苗を購入するのがおすすめです。花穂が太くてつぼみや葉の枚数が多くて葉色が冴え、株張りがよいものを選びます。

オザキ流 育て方 日当たりのよい場所を好み、水はけのよい用土で植えつけます。夏は半日陰に移動するとよいでしょう。肥料は元肥として緩効性化成肥料を用土に混ぜます。花が8割咲いたら花茎を切ると、わき芽から二番花が咲きます。

1 2

1：丈が40～50cmの矮性種でパステルカラーの**“ダルメシアン”**シリーズ 2：草丈が40～50cmの矮性種で花穂がたくさん伸びる**“ピンクパンサー ”**

| | 1 | 2 | 3 | 4 | 5 | 6 | 7 | 8 | 9 | 10 | 11 | 12 |
|---|---|---|---|---|---|---|---|---|---|---|---|---|
| 開花期 | | | | | | | | | | | | |
| 置き場所 | | | 日なた | | | | | 半日陰 | | | 日なた | |
| 植えつけ・植え替え | | | | | | | | | | | | |
| 手入れ | | | | | 花がら摘み | | | | | | | |

鉢植え

庭植え

耐寒性

丈夫

# カラー

スマートな花形の球根花

サトイモ科オランダカイウ属　多年草（球根）

南アフリカ原産で筒状の花（苞）を咲かせます。大型の湿地性種と小型の畑地性種があります。花色が豊富な畑地性種は、春から夏に生育し、秋に休眠します。

**オザキ流 選び方** 5月から夏に出回る開花鉢かつぼみつきのポット苗を購入して植えつけます。花や葉が多くてきれいなものを選びます。

**オザキ流 育て方** 夏は軒下の半日陰に置き、水はけのよい用土で育てます。生育中は用土が乾いたらたっぷり水やりし、花がらは花茎で切ります。葉が枯れたら断水して保管します。

庭植え　鉢植え　耐暑性

| | 1 | 2 | 3 | 4 | 5 | 6 | 7 | 8 | 9 | 10 | 11 | 12 |
|---|---|---|---|---|---|---|---|---|---|---|---|---|
| 開花期 | | | | | | | | | | | | |
| 置き場所 | | | | | 日なた | | 半日陰 | | 日なた | | | |
| 植えつけ・植え替え | | | | | | | | | | | | |
| 手入れ | | | | | | 花がら摘み | | | | 断水または掘り上げ | | |

# アガスターシェ

可憐でカラフルな花穂

シソ科カワミドリ属　多年草（一部は一年草扱い）

アメリカ原産の多年草で、小花が穂状に咲きます。寒さに弱いため、日本では一部は一年草扱いです。葉に芳香があり、オレンジ色や紫色、黄色などの花色があります。

**オザキ流 選び方** 春からポット苗や開花苗が出回ります。つぼみや花が多くて株元の分岐が多く、葉がきれいなものを選びます。

**オザキ流 育て方** 日なたから半日陰の水はけのよい場所で乾燥気味に育てます。多肥を必要とせず、与えすぎると傷みます。咲き終わった花茎を切り取ると、次々と花が咲きます。

鉢植え　庭植え

| | 1 | 2 | 3 | 4 | 5 | 6 | 7 | 8 | 9 | 10 | 11 | 12 |
|---|---|---|---|---|---|---|---|---|---|---|---|---|
| 開花期 | | | | | | | | | | | | |
| 置き場所 | | | | | | | 日なた～半日陰 | | | | | |
| 植えつけ・植え替え | | | | | | | | | | | | |
| 手入れ | | | | | | | 花がら摘み | | | | | |

# イソトマ

細い星形の涼しげな花

キキョウ科イソトマ属　多年草（一年草扱い）

ローレンティアの別名があり、星形の花を咲かせます。本来は多年草ですが、耐寒性がないため一年草として扱われます。青花が人気で、白やピンクもあります。

**オザキ流 選び方** 3～4月からつぼみつきの開花鉢やポット苗が出回ります。分岐が多く、つぼみや花が多いものを選びます。

**オザキ流 育て方** 日当たりがよく、西日が当たらない場所で、水はけのよい用土で乾燥気味に育て、株が弱らないよう肥料は少なめにします。咲き終わった花茎はつけ根で切ります。

庭植え　鉢植え　環境・植え方に注意

| | 1 | 2 | 3 | 4 | 5 | 6 | 7 | 8 | 9 | 10 | 11 | 12 |
|---|---|---|---|---|---|---|---|---|---|---|---|---|
| 開花期 | | | | | | | | | | | | |
| 置き場所 | | | | | 日なた | | 半日陰 | | 日なた | | | |
| 植えつけ・植え替え | | | | | | | | | | | | |
| 手入れ | | | | | | 花茎切り | | | | | | |

# サンダーソニア

オレンジ色でベル形の花

イズサフラン科サンダーソニア属　多年草（球根）

南アフリカ原産で鮮やかなベル形の花を咲かせます。球根は枝のような独特の形で、先端から芽を伸ばします。球根を寒さに当てると花芽ができます。

**オザキ流 選び方** 冬から球根が流通しますが、3～5月と冬には芽出し苗が出回ります。つぼみがふっくらして葉がきれいなものを選びます。

**オザキ流 育て方** 春は日なたに置き、水はけのよい用土で月に2～3回薄めた液肥を与えて育てます。夏は半日陰に移動し、秋に掘り上げて軒下で保管します。

庭植え　鉢植え　耐暑性　環境・植え方に注意

| | 1 | 2 | 3 | 4 | 5 | 6 | 7 | 8 | 9 | 10 | 11 | 12 |
|---|---|---|---|---|---|---|---|---|---|---|---|---|
| 開花期 | | | | | | | | | | | | |
| 置き場所 | | | | 日なた | | | 半日陰の軒下 | | | | 日なた | |
| 植えつけ・植え替え | | | | | | | | | | | | |
| 手入れ | | | | | | | | | | 掘り上げ | | |

1 2

1：代表的な赤花種**"レッドスター"**（在来系） 2：大輪で青みを帯びた藤色の珍しい花**"K-ブルー"**（ハワイアン系）

# ハイビスカス

明るい南の島を思わせる

アオイ科フヨウ属　低木



ハワイ諸島やモーリシャス島に数種類が自生します。沖縄で親しまれているブッソウゲもハイビスカスの仲間です。熱帯性の低木で、1つの花の寿命はほぼ1日です。流通している鉢花の多くは、矮化剤で小さく抑えているため、育てていると思いがけずに大きく育つことがあります。好適な環境で育つと樹高3m以上まで伸びる種類もあるので、購入前に品種の特性を確認したほうがよいでしょう。

流通する園芸品種は、大輪でニュアンスカラーも登場しているハワイアン系、花は小さくても丈夫な在来系、花が小さく樹高が伸びて寒さにやや弱いコーラル系の3タイプに大別されます。花色がきれいでもっとも多く流通しているのはハワイアン系です。近年では、いままでハイビスカスにはなかった青みがかった藤色の花や、茶色に近いダークなオレンジ色の品種もあります。

1：コンパクトな樹高で小さな花が3日咲き続ける**"プチオレンジ"**（ハワイアン系） 2：シックなオレンジ色の**"ハニーブラウン"**（ハワイアン系）

1 2

オザキ流 選び方

6月から9月くらいまで、花やつぼみがついた開花鉢が出回ります。茎が太くて節が詰まり、どっしりとして枝数が多く、充実したつぼみの多いものを選びます。また、ラベルを確認して、成長したらどの程度まで伸びるのかを知った上で、育てるスペースを考えて購入する品種を選びます。

オザキ流 育て方

日当たりがよい場所を好むので、暖かくなったら屋外の日なたで育てます。用土は水はけのよいものを使い、乾いてからたっぷりと水やりします。開花中は水切れを起こしやすいので気をつけましょう。冬は乾燥気味に管理します。

肥料は植えつけ時に緩効性化成肥料を植え穴の用土にやや多めに混ぜます。

基本は鉢植えで育てますが、根詰まりを起こしやすいため、1〜2年に1回は春にひと回り大きな鉢に植え替えましょう。伸びすぎたら春か秋に切り戻します。夏に強く切りすぎると開花が止まってしまうことがあるので気をつけます。ハワイアン系は、30度以下だと咲きやすいです。夏は風通しのよい半日陰に移動します。

| | 1 | 2 | 3 | 4 | 5 | 6 | 7 | 8 | 9 | 10 | 11 | 12 |
|---|---|---|---|---|---|---|---|---|---|---|---|---|
| 開花期 | | | | | | | | | | | | |
| 置き場所 | | 軒下／室内 | | | 日なた（ハワイアン系は7〜9月に半日陰） | | | | | | 軒下／室内 | |
| 植えつけ・植え替え | | | | | | | | | | | | |
| 手入れ | | | | 切り戻し | | | | | | 切り戻し | | |

庭植え　鉢植え　耐暑性

# モナルダ

燃え上がるような花形

シソ科モナルダ属　多年草

庭植え　鉢植え　耐寒性　耐暑性　丈夫

北アメリカ原産の多年草で、夏の暑さに負けずに燃え上がるような力強い花が長期間咲きます。さわやかな香りがあり、ハーブティーとしても利用されます。

オザキ流 選び方　春にポット苗や開花苗が出回ります。つぼみや花が多くて株元の分岐が多く、葉がきれいなものを選びます。

オザキ流 育て方　秋か春にポット苗を植えます。日当たりと水はけのよい場所で乾燥気味に育てます。植えつけ時に緩効性化成肥料を植え穴の用土に混ぜます。秋に切り戻します。

| | 1 | 2 | 3 | 4 | 5 | 6 | 7 | 8 | 9 | 10 | 11 | 12 |
|---|---|---|---|---|---|---|---|---|---|---|---|---|
| 開花期 | | | | | | | | | | | | |
| 置き場所 | | | | | | 日なた | | | | | | |
| 植えつけ・植え替え | | | | | | | | | | | | |
| 手入れ | | | | | | 花がら摘み | | | | 切り戻し | | |

# クフェア

花と葉が春から秋まで楽しめる

ミソハギ科クフェア属　低木

庭植え　鉢植え　耐暑性　丈夫

小型で、葉も花も小さくて耐暑性があり、春から秋まで長く楽しめます。切り戻してもすぐにわき芽が伸びるので、低めの生垣にも向き、暖地なら冬越しできます。

オザキ流 選び方　春から秋にポット苗が流通します。節間が詰まって株元の分岐が多く、葉がきれいなものを選びます。

オザキ流 育て方　水はけのよい明るい半日陰で育て、水はけが悪い場合は腐葉土や堆肥を混ぜ込んで植えつけます。花がらは順次摘み、開花期でも伸びすぎたら切り戻します。

| | 1 | 2 | 3 | 4 | 5 | 6 | 7 | 8 | 9 | 10 | 11 | 12 |
|---|---|---|---|---|---|---|---|---|---|---|---|---|
| 開花期 | | | | | | | | | | | | |
| 置き場所 | | 軒下か窓辺 | | | | 明るい半日陰 | | | | | 軒下か窓辺 | |
| 植えつけ・植え替え | | | | | | | | | | | | |
| 手入れ | | | | 花がら摘みと切り戻し | | | | | | | | |

# ゲラニウム

バラに似合う青紫色の花

フウロソウ科フウロソウ属　多年草

鉢植え　庭植え　耐寒性

バラとほぼ同じ時期に咲く花は、ブルーやピンク、白の盃形で、人気が高い多年草です。耐寒性は強いのですが、高温多湿に弱く、涼しい環境を好みます。

オザキ流 選び方　3〜4月からつぼみつきのポット苗が流通します。つぼみが多くて株元の分岐が多く、葉がきれいなものを選びます。

オザキ流 育て方　風通しのよい明るい半日陰で、水はけのよい用土を使って乾燥気味に育て、開花中は薄めた液肥を月に2〜3回与えます。茎が倒れてきたら支柱を立てて支えます。

| | 1 | 2 | 3 | 4 | 5 | 6 | 7 | 8 | 9 | 10 | 11 | 12 |
|---|---|---|---|---|---|---|---|---|---|---|---|---|
| 開花期 | | | | | | | | | | | | |
| 置き場所 | | | | | | 明るい半日陰 | | | | | | |
| 植えつけ・植え替え | | | | | | | | | | | | |
| 手入れ | | | | | 花がら摘み | | | | | | | |

# ヤグルマギク

矢車の形の愛らしい花

キク科ヤグルマギク属　一年草

鉢植え　庭植え　耐寒性　丈夫

放射状に広がる花の形が名の由来で、青や白、ピンクなどの花が咲く一年草です。ドライフラワーやハーブとしても利用されています。育てやすく丈夫です。

オザキ流 選び方　3〜4月につぼみつきの開花苗が出回ります。つぼみや花が多くて株元の分岐が多く、葉がきれいなものを選びます。

オザキ流 育て方　日当たりと風通しのよい場所で、水はけのよい用土を使い、植えつけ前に苦土石灰を用土に混ぜておきます。多肥では茎が倒れやすくなるため注意します。

| | 1 | 2 | 3 | 4 | 5 | 6 | 7 | 8 | 9 | 10 | 11 | 12 |
|---|---|---|---|---|---|---|---|---|---|---|---|---|
| 開花期 | | | | | | | | | | | | |
| 置き場所 | | | | | | 日なた | | | | | | |
| 植えつけ・植え替え | | | | | | | | | | タネまき | | |
| 手入れ | | | | 花がら摘み | | | | | | | | |

part 4

# 秋～冬に咲く花

主に10月～翌年2月に開花し、見頃を迎える花を紹介します。

コスモスやダリアなどの高低差を生かして、開花中の鉢植えを寄せ鉢風にディスプレイすると、魅力的なガーデンシーンができる。

# ダリア

華やかでボリュームのある球根花

キク科ダリア属　多年草（球根）

1：黒葉ダリア　カクテルアミーゴ“**カシス**”　2：豪華なレモンイエローの“**XXL デュランゴ**”　3：極小輪の八重咲きダリア、ダリアミニ“**ピーチ**”　4：シックな暗赤色で大輪のデコラティブ咲き、“**黒蝶**（こくちょう）”

中央アメリカに30種ほどの原種が自生しており、それを元に1万種以上の膨大な数の園芸品種が作出されています。

豪華で力強く咲く大輪種から、優雅な中輪種や可憐な小輪種、シンプルな一重咲きや変化咲きなどがあります。

花の大きさも大小さまざまで用途も広く、春植え球根として親しまれてきました。

花形のタイプによって、豪華なデコラティブ咲き、先が細長くなるカクタス咲きなど、10数種に分類されます。

オザキ流 選び方

冬から流通する球根を春に植えつけてもよいのですが、5〜6月から秋に花やつぼみつきのポット苗や開花鉢が出回ります。花色や花形がとても豊富なので、好きな花を見つけてポット苗を購入するのがおすすめです。株元の分岐が多く、どっしりした苗でつぼみの多いものを選びます。また、下葉を確認して葉が傷んでいないものを選びます。

| | 1 | 2 | 3 | 4 | 5 | 6 | 7 | 8 | 9 | 10 | 11 | 12 |
|---|---|---|---|---|---|---|---|---|---|---|---|---|
| 開花期 | | | | | | | | | | | | |
| 置き場所 | | | | | | | 日なた | | | | | |
| 植えつけ・植え替え | | | | （球根） | | | | | | | | |
| 手入れ | | | | | | 花がら摘み | | 切り戻し | | | 掘り上げ | |

庭植え

鉢植え

耐寒性

耐暑性

丈夫

従来のダリアは庭植え向きで、現在も人気がある中・大輪の黒蝶は、花径15〜30cmとなっています。近年は、小さな庭やベランダで育てやすい小型種や極小輪が登場し、中には花径3〜5cmと極小輪の八重咲きもあって、その小ささに驚かされます。

また、黒に近い暗紫色の葉をもつタイプも多数登場しており、カラフルな花色とのコントラストが魅力になっています。

オザキ流 育て方

風通しのよい日のよく当たる場所で、水はけがよい用土に腐葉土か堆肥を多めにすき込んで育てます。

球根を植えつける深さは芽の位置を表面から5〜10 cm下にします。

ポット苗や開花鉢は、そっと抜いて根鉢の高さと地表の高さを同じにします。水やりは用土の表面が乾いたら、たっぷりと与えましょう。肥料は元肥として緩効性化成肥料を植え穴に混ぜておくほか、春と秋に薄めた液肥を追肥として与えます。花がらをそのままにしておくと株が消耗するため、こまめに摘みます。暖地では梅雨が明けたら茎を切り戻すとよいでしょう。

秋になり、葉が枯れ始めたら球根を掘り上げ、イモ状の塊茎を1つずつ切り分けて保管し、翌年の春に植えつけます。

1

2

3

4

1:コンパクトで花つきがよい**“ダラヤ ミーナ カラ”** 2:黒葉ダリア カクテルアミーゴ**“ピンクレディ”** 3:極小輪の八重咲きダリア、ダリアミニ**“イエロー”** 4:パステルピンクの花で、小型で多花性、銅葉のハミングブロンズ**“インパルシブ”**



オススメ New 新品種

1:コンパクトでも暗赤紫色の大輪、**“ダラヤ ミーナ アルナ”** 2:アプリコット色の花。小型で多花性、銅葉のハミングブロンズ**“エターニティ”**

1

オススメ New 新品種

2

# セロシア

羽毛のようなふさふさの花

ヒユ科セロシア属　一年草

インドや熱帯アジア原産で、夏から秋まで長期間開花します。日本ではケイトウと呼ばれて親しまれてきました。セロシアの仲間には大きく分けると5系統あり、トサカや羽毛状の花穂をもつタイプと、トサカ状の花が固まるタイプ、円錐状の花穂になるタイプ、羽毛が玉状に固まるタイプ、キャンドルのような細長い花穂が枝分かれするタイプがあります。このほかに別の属で葉を楽しむハゲイトウなどがあります。花もちがよいので切り花にされるほか、ドライフラワーにも向きます。

従来は、赤、ピンク、黄、オレンジなどのはっきりした色が主流でしたが、育種が進んで淡いピンクやサーモンピンクなどのパステル系の花色やダークカラー、黄緑色なども登場しています。

花形もさまざまで、草丈も15cmから150cmと、品種によって大きく異なります。

**オザキ流 選び方**　7〜9月に多くのポット苗と開花鉢が出回ります。好みの花色や花形を選びましょう。茎が太くて節が詰まり、株元の分岐が多く、充実したつぼみの多い苗を選びます。また、下葉を確認して黄色く傷んでいないものを選びます。

**オザキ流 育て方**　日当たりのよい場所を好み、根鉢を崩さずに植えつければ、あまり手間もかかりません。比較的乾燥には強く、用土が乾いたらたっぷりと水やりする程度でよく育ちます。耐暑性はありますが、蒸れにはやや弱いので水はけのよい用土を使い、やや間隔をあけて植えつけ、風通しよく育てます。

品種によって、草丈や株張りが大きく異なるので、成長した姿をイメージして間隔をあけましょう。肥料はほとんど必要なく、与えすぎると葉ばかりが茂って花穂が伸びません。根づいてある程度根が張るまでは水切れしないように注意します。伸びすぎるようなら、6〜9月に先端を切り戻すと草姿が整います。

庭植え　鉢植え　耐暑性　丈夫

| | 1 | 2 | 3 | 4 | 5 | 6 | 7 | 8 | 9 | 10 | 11 | 12 |
|---|---|---|---|---|---|---|---|---|---|---|---|---|
| 開花期 | | | | | | | | | | | | |
| 置き場所 | | | | | | | | 日なた | | | | |
| 植えつけ・植え替え | | | | | | | | | | | | |
| 手入れ | | | | | | | 花がら摘み、切り戻し | | | | | |

1

2

3

1：ニュアンスのあるアプリコット色のケイトウ　2：セロシア ビューティーシリーズの**“ケロス”**　3：整った円錐形で赤い花に銅葉の**“スマートルック”**

1

2

3

4

1：まさに秋を連想させる姿**“霧島の秋(きりしまのあき)”**
2：暗紅色の花に暗紫色の葉の**“ドラキュラ”**　3：頂部の葉が鮮やかに色づくハゲイトウ　4：セロシア ビューティーシリーズの**“ヴィンテージ”**

# ビデンス

元気が出る明るい色の花

キク科センダングサ属　一・二年草、多年草

1 2

1：株張りのよい中型種“**キャンプファイヤー ホットイエロー**”　2：丸く愛らしい花弁の“**ゴールデンエンパイア**”

世界中に200種以上が自生し、メキシコに多く分布しています。丈夫で育てやすく、長期間開花し、冬でも長く咲き続けるところから、ウインターコスモスの和名で呼ばれます。黄と白の花を咲かせる品種がほとんどですが、中にはピンク色の品種も流通します。近年では淡いレモンイエローや濃淡があるオレンジ色の品種など、従来よりも可憐でナチュラルな印象の花が多く作出されています。

草丈が高くなるタイプと低いタイプがあり、低くて這い性の品種はハンギングバスケットに利用したり花壇の縁取りに適します。草丈の高いタイプは、花壇の後列に植えると背景として美しいのでおすすめです。草丈が高くなって晩秋から咲く品種は、9月から10月に1回切り戻すと、草丈を低く抑えて咲かせることもできます。

オザキ流 選び方

春からポット苗が流通しますが、4〜6月に花やつぼみがついて充実したポット苗が出回ります。花色や花形がとても豊富なので、好きな花を見つけてポット苗を購入するのがおすすめです。いずれも節が詰まって株元の分岐が多く、どっしりした苗でつぼみの多いものを選びます。

1 2

3 4

1：オレンジ色の花で中心が黄色の“**ビーダンス オレンジ**”
2：小花がたっぷり咲く “**ホワイトディライト**”　3：淡いイエローと濃い黄色の “**レモンサワー**”　4：矮性のビデンス“**ビーダンス イエロー**”

オザキ流 育て方

日当たりと風通しのよい場所を好みます。水はけのよい用土なら、特に土質は選びません。鉢植えなら市販の草花用培養土で植えつけます。

比較的乾燥にも耐え、花壇では、根づけば極端な乾燥以外は水やりの心配もいりません。冬に寒くなる場合は株元にマルチングをするなど、凍らせないように防寒します。水やりは株元の用土に静かに与えます。

肥料は植えつける際に緩効性化成肥料を植え穴の用土に混ぜます。肥料切れを起こすと花数が減るので、2週間に1回、薄めた液肥を与えます。花がらをこまめに取り除くと開花が長く続きます。夏に伸びた茎を9月から10月に1/3切り戻しましょう。

| | 1 | 2 | 3 | 4 | 5 | 6 | 7 | 8 | 9 | 10 | 11 | 12 |
|---|---|---|---|---|---|---|---|---|---|---|---|---|
| 開花期 | | | | | | | | | | | | |
| 置き場所 | | | | | | 日なた | | | | | | |
| 植えつけ・植え替え | | | | | | | | | | | | |
| 手入れ | 花がら摘み | | | | | 花がら摘み | | | 切り戻し | | | |

庭植え

鉢植え

耐暑性

丈夫

# センニチコウ

小さな丸い花がかわいい

ヒユ科センニチコウ属　一年草、多年草

1 2

1：濃いピンクの花が多数咲く“**ローズネオン**” 2：センニチコウの白花種

熱帯アメリカをはじめ、世界の熱帯の地域の原産で、100種以上があるといわれます。多く流通するセンニチコウは一年草ですが、キバナセンニチコウは多年草です。花に見えるのは苞で、カサカサとした質感です。乾燥させても色が褪せにくいため、ドライフラワーとしても人気があります。

日本の夏でも暑さに負けず、初夏から秋まで分枝して茂りながら長期間開花します。

コロンとした丸い花が中心でしたが、近年登場した“ファイヤーワークス”をはじめとする高性種は、放射状に広がるピンク色の苞の先端に黄色い花が咲き、独特な花形で目を引きます。また、この品種は関東以西平野部の温暖地なら冬越しもできる多年草です。類似の品種も登場してきました。

**オザキ流 選び方**　春から流通しますが、6〜7月に多くのポット苗と開花鉢が出回ります。好みの花色や花形を選びましょう。茎が太くて節が詰まり、株元の分岐が多く、充実したつぼみの多い苗を選びます。また、下葉を確認して黄色く傷んでいないものを選びます。

**オザキ流 育て方**　日当たりと風通しのよい場所を好みます。水はけが悪い場合は、用土に腐葉土を多めにすき込むなどして水はけを改善してから植えつけます。

比較的乾燥にも強く、一度根づけば庭植えならあまり水やりの心配はありません。乾いたらたっぷりと水やりします。開花期間が長く、肥料切れすると花が咲かなくなるので、元肥として緩効性化成肥料を植え穴に混ぜ込み、月に2〜3回薄めた液肥を与えます。

風通しが悪いと病気になりやすいため、密に育ったら間引きます。花がらが目立ってきたり、伸びすぎて草姿が乱れてきたら、6月から10月に1/3を切り戻します。

1：赤くて丸い花の“**ストロベリーフィールド**” 2：小型でパープルがかったピンクの花が咲く“**ちなつ パープル**” 3：大型で濃いピンクの花が多数咲く“**ゴンフレナラブラブラブ**” 4：大型で多年草の“**ファイヤーワークス**”

1 2

3 4

庭植え　鉢植え　耐暑性　丈夫

| | 1 | 2 | 3 | 4 | 5 | 6 | 7 | 8 | 9 | 10 | 11 | 12 |
|---|---|---|---|---|---|---|---|---|---|---|---|---|
| 開花期 | | | | | | | | | | | | |
| 置き場所 | 軒下など | | | | | | 日なた | | | | | 軒下など |
| 植えつけ・植え替え | | | | | | | | | | | | |
| 手入れ | | | | | | | | 切り戻し | | | | |

# キク

秋に欠かせない丈夫な花

キク科デンドランセマ属　多年草

1：ニュアンスカラーの中輪、ポットマム“ダンテ”
2：アプリコット色の小輪のガーデンマム“ジジ”

中国原産で、アメリカで鉢植え向きの園芸種が多数作出され、ポットマムと呼ばれて流通しています。とても丈夫で育てやすく、暑さに負けずに生育し、秋に次々と開花します。キクは自然開花する時期によって、夏菊、夏秋菊、秋菊、寒菊の4つに分けられますが、ポットマムは秋菊にあたります。ここではポットマムとガーデン用の小型種をキクとして紹介します。

以前は大型で花も大きな八重咲きが主流でしたが、近年は中輪や小輪でパステルカラーを中心としたやさしい色みが人気です。

また、オレンジ色やピンク色なども、従来のはっきりした色ではなく、アプリコット色や茶色に近いオレンジ色などのニュアンスカラーが主流になり、キクの印象を大きく変える花が人気になっています。

**オザキ流 選び方**　8月からポット苗が流通しますが、9〜10月に花やつぼみがついた開花鉢が出回ります。好みの品種を見つけて購入しましょう。節が詰まって株元の分岐が多く、どっしりしてつぼみの多いものを選びます。また、下葉が茶色く傷んでいないものを選びましょう。

1：ミルクティーのような花色、ポットマム“ダンテイエロー ”
2：スプレーマム　“マウントオービスクアプリコット”　3：クラシックな花色のポットマム“フエゴ”　4：スプレーマム　“マウントオービスク ライトピンク”

**オザキ流 育て方**　日当たりと風通しのよい場所を好みます。鉢植えなら市販の草花用培養土を利用すると手軽です。泥はねしないようにマルチングをするとよいでしょう。雨に当たらない場所に移動すると、花が傷まないため、長もちします。

開花したら、葉がしおれるほど乾燥すると花が早く散るので気をつけます。水やりは、用土が乾いたら株元にたっぷりと与えます。植えつける際に緩効性化成肥料を植え穴の用土に混ぜます。また肥料切れを起こすと花数が減るので、2週間に1回、薄めた液肥を与えます。花がらがあると美観を損ねるため、こまめに取り除きます。4〜7月に切り戻しを繰り返し、分枝を促して花数をふやします。

| | 1 | 2 | 3 | 4 | 5 | 6 | 7 | 8 | 9 | 10 | 11 | 12 |
|---|---|---|---|---|---|---|---|---|---|---|---|---|
| 開花期 | | | | | | | | | | | | |
| 置き場所 | | | | | | | 日なた | | | | | |
| 植えつけ・植え替え | | | | | | | | | | | | |
| 手入れ | | | | | | 切り戻し | | | | | | |

庭植え　鉢植え　耐寒性　耐暑性　丈夫

# ヒース（エリカ、カルーナ）

ベル形や筒形の可憐な花

ツツジ科エリカ属・カルーナ属　低木

1

2

3

4

1：細長い純白の花が咲くエリカ**“ホワイトデライト”** 2：コンパクトな草丈で多花性、ピンクの花が多数咲くエリカ メランセラ**“ビリーブウインド”** 3：細長いオレンジ色の花が咲くエリカ**“ウインターファイヤー”** 4：小さなピンクの花が多数咲く、カルーナ**“ガーデンガールズ”**

ヒースと呼ばれる植物には、エリカ属とカルーナ属の2つのグループがあります。ヨーロッパと南アフリカが主な原産地で、750種以上が自生していますが、その多くが南アフリカ原産です。ベル形や筒形の花が細い枝いっぱいに咲く姿が可憐です。花色も豊富で、赤、黄、オレンジ、ピンク、白などと、その複色があります。

エリカの代表種に、よく庭植えで見かける ジャノメエリカがあり、カルーナの代表種はカルーナ ブルガリスです。

オザキ流 選び方

9月から冬にかけて流通しますが、10〜11月に多くのポット苗が出回ります。花色や花形が豊富なので、好きな花を見つけてポット苗を購入するのがおすすめです。いずれも節が詰まって株元の分岐が多く、どっしりした苗でつぼみの多いものを選びます。また、下葉を確認して葉が傷んでいないものを選びます。

| | 1 | 2 | 3 | 4 | 5 | 6 | 7 | 8 | 9 | 10 | 11 | 12 |
|---|---|---|---|---|---|---|---|---|---|---|---|---|
| 開花期 | エリカ | | | | カルーナ | | | | | | エリカ | |
| 置き場所 | 軒下または室内 | | 日なた | | | | 半日陰 | | 日なた | | 軒下または室内 | |
| 植えつけ・植え替え | | | | | | | | | | | | |
| 手入れ | | | 花がら摘みと切り戻し | | | | | | 花がら摘みと切り戻し | | | |

庭植え

鉢植え

耐寒性

環境・植え方に注意

花形では近年登場してきたカルーナ ブルガリスの八重咲きが注目されています。花のボリュームがあるため、従来の一重咲きとは印象が異なります。

エリカでは、“ホワイトデライト”のように、細長くて大きな花が咲き、庭植えでもよく映える品種がふえています。また、やや細長くてふっくらとした花が咲く品種も人気で、やさしいオレンジ色やグラデーションが入るパステルピンクの花などが登場しています。

オザキ流 育て方

日当たりと風通しのよい場所で育てます。高温多湿に弱く、特に蒸れに弱いのですが、極端な乾燥も嫌います。根が細くて細かいので、水はけのよい用土を使い、また、酸性の土壌を好むため、鹿沼土を混ぜるとよいでしょう。乾燥させないようにこまめに水やりします。

やせ地を好み、多肥を嫌います。肥料はあまり与えず、特に夏の高温期に肥料を与えるとすぐに傷んでしまいます。ごく薄めの液肥を月に1～2回与える程度にしましょう。長期間効果が続くタイプの肥料は適しません。

ジャノメエリカ以外は、鉢植えのほうが育てやすいので鉢栽培がおすすめです。

開花後に花がらを切り、低く茂るタイプは1/2くらいを切り戻します。枝が伸びて花が咲くタイプも、咲き終わった枝ごと1/2に切り戻します。

1

2

3

4

1：カルーナ ブルガリスの八重咲き種、“紅(くれない)” **2**：オレンジの大きな花で四季咲きの、エリカ ファイヤーヒース**“アカツキレッド”** **3**：シルバーリーフで淡いピンクの花が咲くカルーナ**“ジリー”** **4**：ふっくらした白い花が長く咲く、エリカ**“フローラルホワイト”**

1

2

**1**：濃いピンクの花が美しいカルーナ**“ビューティーレディー”** **2**：淡いピンク色で開花期が長い、エリカ**“ふっくらももちゃん”**

# シュウメイギク

## 秋の風情が漂う清楚な花

キンポウゲ科イチリンソウ属　多年草

中国原産で古くから導入されており、京都の貴船地方では野生化しています。春に咲くイチゲの近縁種ですが、可憐な落葉性で小型のイチゲに比べて半常緑性の大型種です。

夏の終わり頃から長く花茎を伸ばした先にふっくらした花を咲かせます。花弁のように見えるのは、実は萼片《がくへん》で、花弁は小さくなって退化しています。従来は一重咲きが主流でしたが、育種が進んで八重咲きや半八重咲きのほか、バラのような八重咲きなどもあり、バリエーションがふえてきました。

花色は、白とピンクですが、濃い赤に近いローズピンクやアプリコット色、淡いピンクをはじめ、濃いピンクと薄いピンクの二色咲きや絞りのような濃淡があるものなども登場しています。また、斑入り葉の品種もあり、小さな庭や鉢植えでも育てやすい小型種も作出されています。

**オザキ流 選び方**

夏からポット苗が流通しますが、9月に入ると花やつぼみがついた開花鉢や充実したポット苗が出回ります。好みの品種を見つけて購入します。節が詰まって株元の分岐が多く、どっしりした苗でつぼみの多いものを選びます。また、下葉が茶色く傷んでいないものを選びます。

**オザキ流 育て方**

半日陰の風通しのよい場所を好みます。特に夏は、株元に直射日光や西日が当たらないようにします。水はけのよい用土を使い、鉢植えなら市販の草花用培養土を利用すると手軽で便利です。

開花が始まったら、葉がしおれるほど極端に乾燥すると花数が減るので水切れしないように気をつけます。水やりは、乾いたら株元の用土にたっぷりと与えます。

肥料は植えつける際に緩効性化成肥料を植え穴の用土に混ぜます。鉢植えでは肥料切れを起こすと花数が減るので、2週間に1回、薄めた液肥を与えます。タネをつけると株が弱るため、花がらは花茎で切り取ります。

庭植え　鉢植え　耐寒性　耐暑性　丈夫

| | 1 | 2 | 3 | 4 | 5 | 6 | 7 | 8 | 9 | 10 | 11 | 12 |
|---|---|---|---|---|---|---|---|---|---|---|---|---|
| 開花期 | | | | | | | | | | | | |
| 置き場所 | | | | | | 半日陰 | | | | | | |
| 植えつけ・植え替え | | | | | | | | | | | | |
| 手入れ | | | | | | | | | | 花がら摘み | | |

1

2

1：不揃いなぼかしが入る花で草丈60cmほどの“ハドスペンアバンダンス”　2：大型で強健な白の八重咲き種

1：淡いピンクでバラのような花の八重咲き種　2：草丈35cmほどの小型種“ルフィア”　3：斑入り葉でニュアンスのある花、“初音（はつね）”

3

1

2

# ポリゴナム

## 丸いピンクの花が咲く

タデ科ペルシカリア属　多年草

庭植え　鉢植え　耐寒性　耐暑性　丈夫

ヒマラヤ原産で、ヒメツルソバとしても知られ、日本でも野生化するほどよく育ちます。春から晩秋までの長期間、小花が丸く集まった直径1cmのピンクの花を咲かせますが、よく咲くのは秋からです。ほふく性で横に這い広がり、グラウンドカバーとして広い面積を覆うのにも適します。葉は、春から夏までは緑色でV字形の茶色い模様が入り、秋になると赤紫色に紅葉します。葉に白い斑が入る品種や、白花種もあります。

**オザキ流 選び方**　通年流通しますが、春と10～11月に多くのポット苗が出回ります。葉色と葉形、花色とのバランスを見て、好みのポット苗を購入するのがおすすめです。いずれも節が詰まって株張りがよく、葉がきれいなものを選びましょう。

**オザキ流 育て方**　日当たりから明るい半日陰まで育ち、水はけのよい用土を好みます。ある程度の乾燥には耐えますが、乾いたら水を与えます。多肥にすると花が咲かなくなるので注意します。伸びすぎたら花がらごと切り戻します。

1：ピンクの花がかわいいヒメツルソバ　2：複雑な数色の斑が入る“チェリーフォーパーティー”　3：白い斑入り葉で白い花の“ティホン”

| | 1 | 2 | 3 | 4 | 5 | 6 | 7 | 8 | 9 | 10 | 11 | 12 |
|---|---|---|---|---|---|---|---|---|---|---|---|---|
| 開花期 | | | | | | | | | | | | |
| 置き場所 | | | | | | 日なた～半日陰 | | | | | | |
| 植えつけ・植え替え | | | | | | | | | | | | |
| 手入れ | | | | | | | 切り戻し | | | | | |

# リンドウ

## 秋を代表する野山の花

リンドウ科リンドウ属　多年草

鉢植え　庭植え　耐寒性

青紫色で先が5つに割れた筒状の花が美しく、秋の山野草として親しまれます。晴天で開花し、曇天や雨の日は花が閉じます。日本の本州、四国、九州に自生し、野山から山地の明るい林床や草原に見られます。流通するのは秋咲きが中心ですが、山野草コーナーや専門店には春咲き種もあります。切り花でも人気があり、茎が太くて長い高性種が利用されます。育種が盛んで、特に岩手県では多数の品種が育成されています。

1：“心美長寿（ここみちょうじゅ）”　2：“心美白寿（ここみはくじゅ）”　3：岩手県で作出された“ブルーノート”

**オザキ流 選び方**　夏から秋に花やつぼみがついたポット苗が流通し、9月に鉢花が出回ります。花色と花形を見て、好みの苗を購入するのがおすすめです。つぼみがたくさんあり、茎が太くてしっかりした、株張りがよいものを選びます。

**オザキ流 育て方**　日当たりのよい場所を好み、水はけのよい用土で植えつけます。高温多湿が苦手なので、夏は半日陰に移動します。肥料は春と秋に液肥を月に1～2回与えます。花が終わったら花がらを切り取ります。

| | 1 | 2 | 3 | 4 | 5 | 6 | 7 | 8 | 9 | 10 | 11 | 12 |
|---|---|---|---|---|---|---|---|---|---|---|---|---|
| 開花期 | | | | | | | | | | | | |
| 置き場所 | | | 日なた | | | | | 半日陰 | | | 日なた | |
| 植えつけ・植え替え | | | | | | | | | | | | |
| 手入れ | | | | | | | | | 花がら摘み | | | |

# アスター

## 長期間たくさん咲く可憐な花

キク科エゾギク属・シオン属
多年草、一年草

庭植え　鉢植え　耐寒性　耐暑性

1：八重咲きで鮮やかな色の花が多数咲く宿根アスター“ミステリーレディー” 2：コンパクトで多花性の“ステラ”（一年草タイプ）

白やピンク、紫、赤、黄色などの豊富な花色があり、野趣がある小さな花を夏から秋までの長期間咲かせるキクの仲間です。宿根アスターと呼ばれるシオン属の多年草のグループと、アスターの名で流通するエゾギク属の一年草のグループがあります。宿根アスターの代表種は孔雀アスターで、花径約1〜2cmの八重咲きで草丈150cm前後。アスターの代表種は花径約3cmの半八重咲きで草丈70〜80cmの“ステラ”です。

オザキ流 選び方　7〜9月頃からつぼみや花がついたポット苗や開花鉢が出回ります。茎が太く葉の緑色が濃く、つぼみがたくさんついているものがおすすめです。

オザキ流 育て方　日当たりがよい場所を好みます。過湿が苦手なので、水はけのよい用土で植えつけます。水やりは、用土が乾いたらたっぷりと与えます。肥料が多いと草姿が乱れます。花が少なくなったら花茎の上部で切り取ります。

| | 1 | 2 | 3 | 4 | 5 | 6 | 7 | 8 | 9 | 10 | 11 | 12 |
|---|---|---|---|---|---|---|---|---|---|---|---|---|
| 開花期 | | | | | | | | | | | | |
| 置き場所 | | | | | | 日なた | | | | | | |
| 植えつけ・植え替え | | | | | | | | | | | | |
| 手入れ | | | | | | | | 花がら摘み | | | | |

# トルコギキョウ

## 切り花で人気の艶やかな花

リンドウ科ユーストマ属
多年草（一年草扱い）

鉢植え　庭植え

南北アメリカなどに2〜3種が自生しています。花の名前にキキョウとありますが、リンドウの仲間です。原種は一重咲きですが、切り花で流行したことから育種が進み、八重咲きや大輪、小輪のほか、フリルやフリンジが入るタイプもあります。花色も豊富ですが、近年ではアンティークな茶色に近いアプリコット色や淡いレモンイエロー、花全体が淡い黄緑色のものが人気です。白い花弁に紫やピンクが入る二色咲きもあります。

オザキ流 選び方　春からポット苗が出回り、9月に開花鉢やつぼみつきの苗が流通するので、入手して植えつけます。株元の茎が太くて分岐が多く、葉がピンとして張りがあり、花やつぼみがたくさんついているものがおすすめです。

1：矮性種で淡い藤色のトルコギキョウ 2：八重咲きでフリルが入る黄緑色の花 3：八重咲きでフリンジがある二色咲き

オザキ流 育て方　高温多湿に弱いため、春と秋は日なたで育て、梅雨から秋の彼岸までは明るい軒下に置きます。植えつけ時に緩効性化成肥料を用土に混ぜます。花がらをこまめに摘み、少し切り戻すと次の花が咲きます。冬は霜よけをして保護します。

| | 1 | 2 | 3 | 4 | 5 | 6 | 7 | 8 | 9 | 10 | 11 | 12 |
|---|---|---|---|---|---|---|---|---|---|---|---|---|
| 開花期 | | | | | | | | | | | | |
| 置き場所 | 霜よけ | | | 日なた | | | 明るい軒下 | | | | 日なた | |
| 植えつけ・植え替え | | | | | | | | | | | | |
| 手入れ | | | | | | 花がら摘みと切り戻し | | | | | | |

# キキョウ

端正な星形の美しい花

キキョウ科キキョウ属　多年草

茎の先端に青紫色の花が横向きに咲きます。東アジアの日当たりのよい草地に自生します。白やピンクの花色もあり、八重咲きや二重咲きの品種もあります。

オザキ流 選び方　5～6月からつぼみつきの開花鉢やポット苗が出回ります。分岐が多く、つぼみや花が多いものを選びます。

オザキ流 育て方　日当たりがよい場所で、水はけのよい用土を使って植えつけます。根に直接触れないように緩効性化成肥料を少量与えます。花が終わりかけたら1/2に切り戻します。

| | 1 | 2 | 3 | 4 | 5 | 6 | 7 | 8 | 9 | 10 | 11 | 12 |
|---|---|---|---|---|---|---|---|---|---|---|---|---|
| 開花期 | | | | | | | | | | | | |
| 置き場所 | | | | | | 日なた | | | | | | |
| 植えつけ・植え替え | | | | | | | | | | | | |
| 手入れ | | | | | | | | | 切り戻し | | | |

庭植え　鉢植え　耐寒性　耐暑性

# ギョリュウバイ

冬から春まで開花が続く

フトモモ科レプトスペルマム属　低木

オーストラリア原産の常緑の花木です。冬から春にかけての長期間、株いっぱいに小さな花を咲かせます。花色は赤やピンク、白などがあります。

オザキ流 選び方　年末に開花鉢や花つきのポット苗が流通します。節間が詰まって株元の分岐が多く、つぼみが多いものを選びます。

オザキ流 育て方　日当たりと風通しがよい場所に、水はけがよい用土で植えつけます。過湿が苦手なので、水やりは用土が乾いてから与えます。花後は1/3ほど切り戻します。

| | 1 | 2 | 3 | 4 | 5 | 6 | 7 | 8 | 9 | 10 | 11 | 12 |
|---|---|---|---|---|---|---|---|---|---|---|---|---|
| 開花期 | | | | | | | | | | | | |
| 置き場所 | | | | | | 日なた | | | | | | |
| 植えつけ・植え替え | | | | | | | | | | | | |
| 手入れ | | | | | | 切り戻し | | | | | | |

庭植え　鉢植え　耐寒性　耐暑性　丈夫

# ネコノヒゲ

長く飛び出したしべが個性的

シソ科オルトシフォン属　多年草（一年草扱い）

インドからマレー半島原産の多年草で、横に飛び出したしべが猫のひげを思わせるユニークな花です。寒さに弱いため、日本では一年草として扱われています。

オザキ流 選び方　春から秋にポット苗や開花苗が出回ります。つぼみや花が多くて株元の分岐が多く、葉がきれいなものを選びます。

オザキ流 育て方　日なたから半日陰の水はけのよい場所で育てます。開花期は月に2～3回薄めた液肥を与え、水切れに気をつけます。咲き終わった花茎を切ると次の花が咲きます。

| | 1 | 2 | 3 | 4 | 5 | 6 | 7 | 8 | 9 | 10 | 11 | 12 |
|---|---|---|---|---|---|---|---|---|---|---|---|---|
| 開花期 | | | | | | | | | | | | |
| 置き場所 | | | | | | | | 日なた～半日陰 | | | | |
| 植えつけ・植え替え | | | | | | | | | | | | |
| 手入れ | | | | | | | | 花がら摘み | | | | |

庭植え　鉢植え　耐暑性

# スキミア

つぼみがかわいい低木

ミカン科ミヤマシキミ属　低木

晩秋から春までの長期間、小さな丸いつぼみを房状にたくさんつける常緑低木で、春に小さな花を咲かせます。成長が遅く、コンパクトで日陰にも耐えます。

オザキ流 選び方　秋から冬にポット苗や開花鉢が流通します。節間が詰まって株元の分岐が多く、葉がきれいなものを選びます。

オザキ流 育て方　水はけのよい明るい半日陰で水はけのよい用土で育てます。水やりは過湿に気をつけます。根鉢は崩さないで植えつけます。多肥を嫌うので肥料は不要です。

| | 1 | 2 | 3 | 4 | 5 | 6 | 7 | 8 | 9 | 10 | 11 | 12 |
|---|---|---|---|---|---|---|---|---|---|---|---|---|
| 開花期 | | | | | | | | | | | | |
| 置き場所 | | | | | | 日なた～明るい半日陰 | | | | | | |
| 植えつけ・植え替え | | | | | | | | | | | | |
| 手入れ | | | | | 剪定 | | | | | | | |

庭植え　鉢植え　耐暑性　丈夫

# イワシャジン

岩場に垂れ下がって咲く

キキョウ科ツリガネニンジン属　多年草

秋に青紫色のベル形の花が垂れ下がるように咲きます。山地の岩場に自生し、人気がある山野草です。茎は細いですが、ゴボウのように太い根をもちます。

**オザキ流 選び方**　9月につぼみつきの開花鉢が出回ります。つぼみや花が多くて株元の分岐が多く、葉がきれいなものを選びます。

**オザキ流 育て方**　水はけのよい用土で深めの鉢に植え、春と秋は日当たりのよい場所に置き、夏は半日陰に移動します。花後は花茎を摘み、春と秋は月に1～2回薄めた液肥を与えます。

鉢植え　庭植え

| | 1 | 2 | 3 | 4 | 5 | 6 | 7 | 8 | 9 | 10 | 11 | 12 |
|---|---|---|---|---|---|---|---|---|---|---|---|---|
| 開花期 | | | | | | | | | | | | |
| 置き場所 | | | 日なた | | | | 半日陰の軒下 | | | | 日なた | |
| 植えつけ・植え替え | | | | | | | | | | | | |
| 手入れ | | | | | | | | | | 花がら摘み | | |

# コスモス

秋を告げる可憐な花

キク科コスモス属　一年草

秋の風物詩ともいえる草花で、日が短くなると花芽をつける短日植物です。近年は日の長さに影響されない品種が主流になり、夏から花を楽しめます。

**オザキ流 選び方**　4～9月につぼみつきの開花苗が出回ります。つぼみや花が多くて株元の分岐が多く、葉がきれいなものを選びます。

**オザキ流 育て方**　日当たりと風通しのよい場所で、水はけのよい用土で植えつけます。庭では肥料を与えると伸びすぎるため注意します。5～8月に摘芯すると草丈が低く抑えられます。

鉢植え　庭植え　耐寒性

| | 1 | 2 | 3 | 4 | 5 | 6 | 7 | 8 | 9 | 10 | 11 | 12 |
|---|---|---|---|---|---|---|---|---|---|---|---|---|
| 開花期 | | | | | | | | | | | | |
| 置き場所 | | | | | | | | 日なた | | | | |
| 植えつけ・植え替え | | | | | | | | | | | | |
| 手入れ | | | | | | 摘芯 | | | | | | |

# ジャノヒゲ、ヤブラン

スマートな葉で日陰に強い

キジカクシ科ジャノヒゲ属・ヤブラン属　多年草

1：暗紫色の葉が美しいジャノヒゲ“黒竜” 2：白い斑入り葉で淡い紫色の花が咲く、ジャノヒゲ“白竜(はくりゅう)” 3：紫色で大きめの花が咲く、ヤブラン“ロイヤルパープル” 4：花立ちのよい白花種、ヤブラン“モンローホワイト”

庭植え　鉢植え　耐寒性　耐暑性　丈夫

| | 1 | 2 | 3 | 4 | 5 | 6 | 7 | 8 | 9 | 10 | 11 | 12 |
|---|---|---|---|---|---|---|---|---|---|---|---|---|
| 開花期 | | | | | | | | | | | | |
| 置き場所 | | | | | | 日なた～半日陰 | | | | | | |
| 植えつけ・植え替え | | | | | | | | | | | | |
| 手入れ | | 古葉切り | | | | | | | | | | |

東アジア原産で、日本にも自生しています。ジャノヒゲは細い葉が地面を覆うように広がり、グラウンドカバーとして広く親しまれています。庭や寄せ植えのアクセントとして人気の“黒竜(こくりゅう)”、和風の庭で敷石の周囲などに使われる“玉竜(たまりゅう)”などがあります。近縁のヤブランは、やや幅が広くて長い葉をもち、8～10月に紫色の花穂を伸ばします。庭でよく使われるのは、葉が涼しげな斑入りヤブランです。

**オザキ流 選び方**　通年流通しますが、夏と12月に多くのポット苗が出回ります。葉色と葉形のバランスを見て、好みのポット苗を購入するのがおすすめです。いずれも葉が多くて株張りがよく、葉色が冴えたものを選びましょう。

**オザキ流 育て方**　日なたから半日陰まで育ち、植えつけて根が活着したら、ほとんど手間がかかりません。ある程度の乾燥には耐えますが、乾いたら水を与えます。肥料は不要です。2～3月に前年の古い葉を切ると新しい葉が揃います。

Part 5

# 葉や実を楽しむ植物

**きれいな葉**が魅力の植物と、**かわいい実**を楽しめる植物を紹介します。

シルバーリーフや黄金色の葉をもつ植物を繰り返し並べることで、変化のある植栽になる。庭やアプローチに取り入れてみたいテクニック。

# コプロスマ

カラフルな照り葉の低木

アカネ科コプロスマ属　低木

1：斑入りで縁が紫色になる“**テキーラサンライズ**” 2：細かい茶色の葉の“**チョコレートソルジャー** ” 3：シルバーがかった斑入りの“**シルバーサプライズ**” 4：ダーク系の葉色の“**ブロックケイ**”

| | 1 | 2 | 3 | 4 | 5 | 6 | 7 | 8 | 9 | 10 | 11 | 12 |
|---|---|---|---|---|---|---|---|---|---|---|---|---|
| 観賞期 | | | | | | | | | | | | |
| 置き場所 | 軒下か室内 | | | | | 日なた〜半日陰 | | | | | 軒下か室内 | |
| 植えつけ・植え替え | | | | | | | | | | | | |
| 手入れ | | | | 切り戻し | | | | | | | | |

鉢植え　耐暑性　丈夫

オーストラリア原産で、自生地では庭木のように伸びるため、庭で垣根などに使われます。日本では冬の寒さが苦手なので、無加温の室内か軒下で保護します。葉につやがあり、斑入りや銅葉、濃い茶色などのカラフルな葉色で、鉢植えにしたり、寄せ植えのポイントとして使うのがおすすめです。葉形は細かいものから幅が広いものまでバリエーションがあります。凍るような寒さには耐えられませんが、晩秋の涼しい気候で紅葉します。

**オザキ流 選び方**　9〜10月に多くのポット苗が出回るので、入手して植えつけます。株元の枝が太くて分岐が多く、葉色が濃くて樹形がきれいなものがおすすめです。

**オザキ流 育て方**　半日陰でも育ちますが、日当たりがよい場所のほうが間延びせず、葉色も冴えます。完全に水切れしないように気をつけて水やりします。市販の草花用培養土を使い、4月に伸びすぎたところを切り戻します。

# グラス類

すっと細く伸びる葉が魅力

イネ科・カヤツリグサ科　多年草

1：すっきりした斑入りのカレックス オシメンシス“**エヴェレスト**” 2：おしゃれな茶色のカレックス“**ブロンズカール**” 3：オレンジ系に紅葉する斑入りのウンシニア“**エバーフレーム**” 4：斑入りの葉が赤紫色に紅葉するペニセタム“**チェリースパークラー** ”

| | 1 | 2 | 3 | 4 | 5 | 6 | 7 | 8 | 9 | 10 | 11 | 12 |
|---|---|---|---|---|---|---|---|---|---|---|---|---|
| 観賞期 | | | | | | | | | | | | |
| 置き場所 | | | | | | 日なた〜半日陰 | | | | | | |
| 植えつけ・植え替え | | | | | | | | | | | | |
| 手入れ | | | 刈り込み | | | | | | | | | |

庭植え　鉢植え　耐寒性　耐暑性　丈夫

細長く伸びるしなやかな葉をもつグラス類は、イネ科やカヤツリグサ科などのさまざまな種類があり、世界中に広く自生します。

庭のアクセントに使うと美しいのは、主にカヤツリグサ科のカレックス属とイネ科のペニセタムなどです。葉色がカラフルで、斑入りなどのバリエーションもあり、直立するものやカールするものなどがあります。ペニセタムは比較的大型で150㎝まで伸びるものもあり、ふさふさした穂も魅力です。

**オザキ流 選び方**　6月頃からポット苗が出回るので、入手して植えつけます。株元がぐらつかず、葉色が濃くてきれいなものを選びます。草丈と葉の生え方のバランスを見て、葉が多くてシルエットが整っているものがおすすめです。

**オザキ流 育て方**　日当たりがよい場所を好みます。水はけのよい用土で植えつけます。乾燥気味に育て、用土が乾いたら水やりします。肥料は不要です。3月に古い葉を3〜5㎝残して刈り取ると、新芽が美しく揃います。

# ヘデラ（アイビー）

壁面やグラウンドカバーに

ウコギ科キヅタ属　つる性植物

1：世界最小葉と銘打たれた“**スペチュリー**”　2：白い斑が不規則に入る“**ホワイトアン**”

常緑で壁面や半日陰のグラウンドカバーに便利なつる性植物です。アイビーまたはイングリッシュアイビーの呼び名もあります。主に流通しているのはセイヨウキヅタの和名で親しまれるヘデラ ヘリックスの園芸品種で、100種類以上の品種が出回っています。小型であまり伸びないものもありますが、成長すると10m以上になるものが多いです。

葉形は細長いものから星形、カエデの葉のような形までバラエティーに富んでいます。葉色は緑色から暗緑色、グレーや黄緑などもあり、さらに黄色や白い覆輪、中斑、散り斑、縞斑など美しい斑入りの品種がたくさんあります。

つるの節から付着根を出して壁などに付着するので、塗料で塗った壁や木造住宅に広がると、剥がせなくなることがあります。植える前に周囲を確認しましょう。

**オザキ流 選び方**

一年中流通しますが、4～6月と10～12月に多くのポット苗が出回ります。つるが太くて節が詰まり、株元の分岐が多い苗を選びます。品種によって伸び方が異なりますので、用途に合わせて選びましょう。また、下葉を確認して黄色く傷んでいないものがおすすめです。

**オザキ流 育て方**

明るい半日陰を好みますが、緑色が濃いものは日当たりのよい場所でも葉焼けすることなく生育します。反対に斑入りの品種は葉焼けしやすく、朝日が少し当たって昼からは日陰になるような場所を好みます。

土質は特に選びません。比較的乾燥にも強く、庭植えなら一度根づけばあまり水やりしなくても問題ありません。鉢植えは、乾いたらたっぷりと水やりします。肥料は、庭植えなら与えなくても育ちます。鉢植えは、緩効性化成肥料を元肥として植えつけ前の植え穴の用土に混ぜるほか、生育に合わせてときどき薄めた液肥を与える程度にします。伸びすぎたら切り戻して株の形を整えます。

1：上品なシルバー系の斑入り葉の“**ホワイトベール**”
2：小さくて黄緑色のカエデ形の葉“**レイム**”　3：鳥の羽のような葉形の“**翼(つばさ)**”　4：黄色い斑が入る“**ミントコリブリ**”

| | 1 | 2 | 3 | 4 | 5 | 6 | 7 | 8 | 9 | 10 | 11 | 12 |
|---|---|---|---|---|---|---|---|---|---|---|---|---|
| 観賞期 | | | | | | | | | | | | |
| 置き場所 | | | | | | | 半日陰 | | | | | |
| 植えつけ・植え替え | | | | | | | | | | | | |
| 手入れ | | | | | | | 切り戻し | | | | | |

庭植え　鉢植え　耐寒性　耐暑性　丈夫

# コリウス

夏をカラフルに彩る葉

シソ科コリウス属　一年草

夏の間ずっと、カラフルな葉を楽しめる、花壇や鉢植えに大活躍する植物です。暑さにはとても強いのですが寒さには弱く、霜に当たると溶けるように枯れてしまいます。日なたでは葉焼けするため、半日陰で育てます。アジアやアフリカの熱帯地域に60種ほどの原種が自生しています。主に栽培されているのは、コリウスとヒメコリウスの2種で、葉の色や形、大きさの異なる膨大な数の園芸品種が作り出されています。

近年では育種が進み、カラフルなだけではなく、葉が小さくて小型のタイプや、反対に成長すると低木よりも大きくなる大型種も登場しています。

大きくこんもりとしたシルエットにするためには、十分な大きさの鉢か庭に植え、月に1〜2回は先端の新芽や花穂を摘みます(P.14〜15参照)。植える場所や使い方によって、品種を選ぶとよいでしょう。

**オザキ流 選び方**

4月から夏にかけて流通しますが、遅霜の心配がなくなった5〜6月に多くのポット苗が出回ります。茎が太くて節が詰まり、株元の分岐が多い苗を選びます。間延びしてひょろひょろしたものはうまく育たないことがあります。また、下葉を確認して黄色く傷んでいないものを選びます。

**オザキ流 育て方**

高温多湿な環境と半日陰を好みますが、強健な大型種は日当たりのよい場所でも葉焼けすることなく生育します。水はけと通気性のよい腐植質の多い用土を好みます。植えつけ前に腐葉土や堆肥を多めに用土に混ぜ込んでおきます。乾燥が苦手なので、用土の表面が乾いたらたっぷりと水やりをします。

肥料は、緩効性化成肥料を元肥として植えつけ前の植え穴の用土に混ぜるほか、生育に合わせてときどき薄めた液肥を与える程度にします。

花が咲くと成長が止まってしまうため、花穂が出てきたら早めに摘み取りましょう。茎や枝が伸びて草姿が乱れたら、全体の1/3を節の上で切り戻して株の形を整えます。

庭植え　鉢植え　耐暑性　丈夫

| | 1〜12月 |
|---|---|
| 観賞期 | |
| 置き場所 | 半日陰 |
| 植えつけ・植え替え | |
| 手入れ | 摘花・切り戻し |

さまざまな葉色や模様がある品種が流通する。夏は普段よりもカラフルで鮮やかな色彩のものが庭に映える

1：コリウス同士を組み合わせて寄せ植えにしても華やか
2：世界最大級の葉のコリウス“ゴリラ®”シリーズ。葉が通常の2倍以上の大きさになる

# ピットスポルム

シルバーリーフが美しい低木

トベラ科ピットスポルム属　低木

鉢植え　耐寒性　耐暑性　丈夫

ニュージーランド原産のトベラの仲間です。表面につやのある斑入りの美しい葉が特徴です。常緑なので、一年中、きれいな葉を観賞できます。4〜5月に小さなクリーム色の花を枝先に咲かせますが、あまり目立ちません。主に流通するのは“バリエガータ”をはじめとする斑入りの品種が多く、フラワーアレンジや生け花の花材としても人気があります。近年は育種が進み、黄色の斑入り葉や、枝が暗紫色の品種も登場しています。

**オザキ流 選び方** 一年中流通しますが、9〜10月にポット苗が出回ります。いずれも節が詰まって株元の分岐が多く、葉の色が冴えているものがおすすめです。株元がぐらぐらしていたり、葉色が悪いものは避けましょう。

**オザキ流 育て方** 日当たりと水はけのよい場所を好みます。水はけのよい用土で植えつけましょう。植えつけ後、2週間は水切れしないように水やりします。鉢植えでの栽培に向きます。

1

2

3

1：グレーがかった葉で枝が暗紫色の“シルバーシーン”　2：中央が黄緑色で縁が緑色の“タンダラゴールド”　3：斑入りの葉が美しく、人気の“バリエガータ”

| | 1 | 2 | 3 | 4 | 5 | 6 | 7 | 8 | 9 | 10 | 11 | 12 |
|---|---|---|---|---|---|---|---|---|---|---|---|---|
| 観賞期 | | | | | | | | | | | | |
| 置き場所 | | | | | | 日なた〜半日陰 | | | | | | |
| 植えつけ・植え替え | | | | | | | | | | | | |
| 手入れ | | | | | | 切り戻し | | | | | | |



# クローバー

かわいい葉と花が地面を覆う

マメ科トリフォリウム属　一年草、多年草

庭植え　鉢植え　耐寒性　丈夫

シロツメクサを代表とするクローバーは、幸せを呼ぶ草として広く親しまれています。牧草や緑肥としても利用されていますが、近年は赤紫色をはじめとするカラフルな葉を楽しむタイプや、ふわふわで可憐な花が咲くものが登場し、花壇や寄せ植えのポイントとして人気があります。

**オザキ流 選び方** 通年流通しますが、2〜4月にポット苗が出回ります。葉色と葉形、花色とのバランスを見て、好みのポット苗を購入するのがおすすめです。いずれも節が詰まって株張りがよく、葉がきれいなものを選びましょう。

**オザキ流 育て方** 日なたから明るい半日陰まで育ち、水はけのよい用土を好みます。夏の高温多湿がやや苦手なので、風通しをよくして蒸れに気をつけます。肥料はほぼ不要です。伸びすぎたら花がらごと切り戻します。

1

2

3

1：くっきりした赤紫色の斑入りで濃いピンクの花のクローバー“ティント ロゼ”　2：黄色くて丸い花が咲く、ラッキークローバー　3：赤紫色の葉で縁が緑色の四つ葉を探せるクローバー“しあわせみぃつけた”

| | 1 | 2 | 3 | 4 | 5 | 6 | 7 | 8 | 9 | 10 | 11 | 12 |
|---|---|---|---|---|---|---|---|---|---|---|---|---|
| 観賞期 | | | | | | | | | | | | |
| 置き場所 | | | | | | 日なた〜半日陰 | | | | | | |
| 植えつけ・植え替え | | | | | | | | | | | | |
| 手入れ | | | | 切り戻し | | | | | | | | |

## ヤブコウジ

きれいな葉と秋の赤い実が魅力

サクラソウ科ヤブコウジ属　低木

庭植え　鉢植え　耐寒性　耐暑性　丈夫

1：バリエーション豊富な斑入りヤブコウジ　2：葉の下側に丸くて赤い実をつける

東アジアに自生し、小型で草のように見えますが低木です。江戸時代に斑入りの葉が人気になり、日本でたくさんの園芸品種が作出されました。晩秋から冬の間、小さな赤い実を吊り下げる姿はとても愛らしく、木の下や日陰でも育つことから、小さな庭でも活用できる植物です。

さまざまな斑入りの葉があるので、気に入った品種を数株まとめて植えるとよいでしょう。モダンな日陰のコーナーに映えます。

オザキ流 選び方　一年中流通しますが、10〜12月に実つきの苗が出回ります。葉色と実のバランスを見て、好みのポット苗を購入するのがおすすめです。斑入り種は実をつけないので注意が必要です。

オザキ流 育て方　水はけと適度な保湿性のある用土に緩効性化成肥料を植え穴の用土に混ぜ、半日陰から日陰に植えます。表土が乾いたら水を与え、数年経過して樹形が悪くなったら3〜4月に切り戻します。

| | 1 | 2 | 3 | 4 | 5 | 6 | 7 | 8 | 9 | 10 | 11 | 12 |
|---|---|---|---|---|---|---|---|---|---|---|---|---|
| 観賞期 | | | | | | | | | | | | |
| 置き場所 | | | | | | 半日陰〜日陰 | | | | | | |
| 植えつけ・植え替え | | | | | | | | | | | | |
| 手入れ | | | 切り戻し | | | | | | | | | |

## チェッカーベリー

寒さに強くて実が大きい

ツツジ科ゴールテリア属　低木

鉢植え　庭植え　耐寒性　丈夫

秋から冬に赤い実を楽しめるガーデニング用に流通する植物の中で、もっとも大きくてインパクトがあるのがチェッカーベリーです。

寒さにも強く、日陰でも育つため、ほかの草花を育てにくいデッドスペースにも鉢植えにして飾るなど、使い勝手のよいところも魅力です。クリスマスやお正月用の寄せ植えに使ってもよいでしょう。寒さに当たると、緑色の葉はやや赤くなります。6〜7月に小さな白い花を咲かせます。

オザキ流 選び方　10月頃から実つきのポット苗が出回るので、入手して植えつけます。株元がぐらつかず、株元の分岐が多くて葉の枚数が多く、葉色がきれいなものを選びます。下葉も傷んだ葉がないかチェックします。

1：赤くて丸い大きな実がかわいいチェッカーベリー　2：白くて大きな実をつける、“ビックベリーホワイト”

オザキ流 育て方　ツツジやブルーベリーの仲間なので、弱酸性で水はけのよい用土で植えつけます。乾燥を嫌うため、乾かさないように気をつけます。涼しい日陰や半日陰を好みます。伸びすぎたら適宜切り戻します。

| | 1 | 2 | 3 | 4 | 5 | 6 | 7 | 8 | 9 | 10 | 11 | 12 |
|---|---|---|---|---|---|---|---|---|---|---|---|---|
| 観賞期 | | | | | | | | | | | | |
| 置き場所 | | | | | | 半日陰〜日陰 | | | | | | |
| 植えつけ・植え替え | | | | | | | | | | | | |
| 手入れ | | | | 切り戻し | | | | | | | | |

# シロタエギク

冬の庭を彩るシルバーリーフ

キク科セネシオ属
多年草（一年草扱い）

鉢植え
庭植え
耐寒性
丈夫

葉や茎が小さな白い毛で覆われたシルバーリーフです。草花と混植することによって、主役になる花をよく引き立てます。主にキク科のセネシオ シラネリアをさしますが、同じキク科で同様のシルバーリーフを含めた総称とされています。耐寒性が強くて丈夫なので、ガーデニング初心者にもおすすめです。冬の花壇や寄せ植えに使うと、シックでおしゃれな組み合わせになります。温暖な時期よりも冬のほうが、葉色が冴えます。

オザキ流 選び方

9月頃からポット苗が出回るので、入手して植えつけます。株元がぐらつかず、株元の分岐が多くて葉の枚数が多く、葉色が白くてきれいなものを選びます。下葉もチェックして傷んだ葉がないほうがよいでしょう。

オザキ流 育て方

日当たりがよい場所を好みます。過湿が苦手なので、水はけのよい用土で植えつけます。乾燥気味に育て、用土が乾いたら水やりします。伸びたら1/3を切り戻します。つぼみは咲かせずに節の下で摘みます。

1：葉の切れ込みが繊細なタナセツム“シルバーレース”
2：葉の切れ込みが浅く、ふかふかの白い葉の“シラス”
3：代表的なシロタエギク“シルバーダスト”

| | 1 | 2 | 3 | 4 | 5 | 6 | 7 | 8 | 9 | 10 | 11 | 12 |
|---|---|---|---|---|---|---|---|---|---|---|---|---|
| 観賞期 | | | | | | | | | | | | |
| 置き場所 | | | | | | | 日なた | | | | | |
| 植えつけ・植え替え | | | | | | | | | | | | |
| 手入れ | | | | | 切り戻し | | | | | | | |



# セイヨウイワナンテン

しなやかな枝に美しい葉

ツツジ科イワナンテン属
低木

庭植え
鉢植え
耐寒性
耐暑性
丈夫

北アメリカ原産で、厚くて光沢がある常緑の葉をもち、枝がしなやかに曲がって伸びます。半日陰でもよく育ち、丈夫で育てやすく病気や害虫も少ないことから、北側の庭やちょっとしたやや暗いスペースのグラウンドカバー、大きな木の株元などに使われて人気があります。育種が進んで、カラフルな葉の品種や斑入り葉のものなどがふえ、樹高が従来よりも低い矮性種なども登場し、選択範囲が広がっています。

オザキ流 選び方

9月頃から植えつけやすいサイズのポット苗が出回るので、入手してひと回り大きな鉢に植え替えるか、庭に植えます。株元の分枝が多く、葉色が冴えて葉が傷んでいないものを選びます。

オザキ流 育て方

日なたから日陰まで育ち、腐葉土を多めにすき込んだ水はけのよい用土で植えつけます。春と夏に乾燥させないようにたっぷりと水やりします。伸びすぎたら新しい枝が伸びる前の3～4月に切って整えます。

1：絞り状にカラフルな斑が入る “レインボー ” 2：芽出しがピンク色で黄色い斑入り葉の“トリカラー ” 3：鉢植え向きの矮性種で真っ赤に紅葉する“リトルフレーム”

| | 1 | 2 | 3 | 4 | 5 | 6 | 7 | 8 | 9 | 10 | 11 | 12 |
|---|---|---|---|---|---|---|---|---|---|---|---|---|
| 観賞期 | | | | | | | | | | | | |
| 置き場所 | | | | | | | 日なた～半日陰 | | | | | |
| 植えつけ・植え替え | | | | | | | | | | | | |
| 手入れ | | | 剪定 | | | | | | | | | |

# 観賞用トウガラシ

カラフルで楽しい果実と葉色

ナス科トウガラシ属　一年草扱い

1　2

3　4

1：濃い緑色の葉で赤い実の“**クバーナ レッド**” 2：丸い実で黒い葉の“**オニキスレッド**” 3：黒い葉に黒紫の丸い実の“**ブラックパール**” 4：緑の葉にカラフルな実の“**ハーレクイン**”

熱帯アメリカ原産で、20種が自生しています。日本では一年草扱いですが、原産地では多年草のものもあります。

紫色やオレンジ色、クリーム色から深紅まで、カラフルな果実が魅力です。

悪魔の爪を連想させる細長くねじれた形や、ぼってりとふくらんだボール形など、ユニークな形の果実は、花壇や寄せ植えのアクセントになります。暗紫色や白い散り斑入りの葉をもつ品種もあり、果実と一緒に夏から晩秋までの長期間楽しめます。

オザキ流 選び方

夏から秋に流通しますが、7～8月に花や小さな実つきのポット苗が出回ります。実だけではなく、葉色も豊富なので、好きな品種を見つけてポット苗を購入するのがおすすめです。いずれも節が詰まって株元の分岐が多く、どっしりした苗で葉や実の多いものを選びます。また、下葉を確認して葉が傷んでいないものを選びます。

庭植え

鉢植え

耐暑性

丈夫

| | 1 | 2 | 3 | 4 | 5 | 6 | 7 | 8 | 9 | 10 | 11 | 12 |
|---|---|---|---|---|---|---|---|---|---|---|---|---|
| 観賞期 | | | | | | | | | | | | |
| 置き場所 | | | | | | | | 日なた | | | | |
| 植えつけ・植え替え | | | | | | | | | | | | |
| 手入れ | | | | | | | | 枯れ葉取り | | | | |

以前は緑色の葉に丸くて赤い実が主流だった観賞用トウガラシですが、育種が進んで、葉色もバリエーションがふえ、実の色と実の形が大きく進化しました。葉色では、黒に近いダークカラーが登場し、さまざまな斑入り葉も作出されてシックでおしゃれな印象になりました。実は先が尖った形や細長い魔女の爪のような形もあります。実の色も黄緑、オレンジ色、赤に紫色まで登場しており、多彩な葉と実の組み合わせを楽しめるようになりました。また、黒に近い暗紫色の葉をもつタイプも多数登場しており、カラフルな花色とのコントラストが魅力になっています。

オザキ流育て方 日当たりと風通しのよい場所を好みます。水はけのよい用土に腐葉土をすき込んで、元肥として用土に緩効性化成肥料を混ぜて植えつけます。植えつけのコツは、根鉢を軽くほぐすことで新芽がよく出て株が伸びやすくなり、根鉢を崩さずに植えつけることでコンパクトな株姿を保ちやすくなります。

水切れに注意して水やりします。鉢植えは、用土が乾いたらたっぷりと水やりします。庭や花壇では、植えつけ後2週間までは水切れに気をつけます。水切れすると成長が悪くなるので乾かしすぎないようにしましょう。

成長が早いため、鉢植えでは根詰まりに気をつけます。鉢の底穴から根が見えたら、ひと回り大きな鉢に植え替えます。

1：紫がかった葉に尖ったオレンジ色の実の“**コンガ**” 2：斑入り葉に細長い実の“**ウチュウ クリームレッド**” 3：緑の葉にカラフルな実の“**ホットポップス**” 4：薄紫から白色の斑入り葉で紫の実の“**パープルフラッシュ**”

1：“**ブラックパール**”は濃い暗紫色の果実と葉がシックで花壇でも目立つ 2：“**パープルフラッシュ**”は暗紫色に白い斑入りの葉が、花壇で目を引く

# タイム

## 小さな葉とスパイシーな香り

シソ科イブキジャコウソウ属　低木

鉢植え　庭植え　耐寒性　丈夫

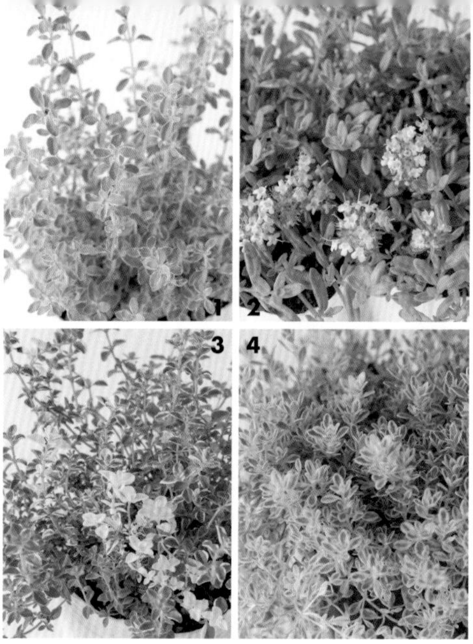


1：白い斑入り葉の"シルバータイム"　2：丈夫で花つきもよい、タイム　ロンギカウリス　3：不規則に白い斑が入る、タイム　プレジオイデス"フォックスリー"　4：黄緑色の葉に黄色い斑入りの"ハイランドクリーム"

ハーブの仲間では葉がきれいな品種が多く、関東平野部以西なら、ほぼ一年中美しい葉を楽しめます。さわやかでほろ苦い味は肉料理に欠かせないキッチンハーブとしても人気がありますが、斑入りの葉の品種は、主に葉を観賞します。開花期は4～6月で、傾斜地などに一面に咲くピンクの花は見応えがあります。鉢植えでも育てられます。

オザキ流 選び方

春から苗が流通しますが、5～6月に充実したつぼみつきのポット苗が出回ります。株元の分岐が多くて株張りがよく、花やつぼみが多くて葉がきれいなものを選びましょう。

オザキ流 育て方

日当たりと風通しのよい場所に水はけのよい用土で植えつけます。多湿に気をつけ、乾いたら水やりします。肥料は春と秋に少量を与えます。花がらは摘み、花後または秋に全体の1/3を切り戻します。

| | 1 | 2 | 3 | 4 | 5 | 6 | 7 | 8 | 9 | 10 | 11 | 12 |
|---|---|---|---|---|---|---|---|---|---|---|---|---|
| 観賞期 | | | | | | | | | | | | |
| 置き場所 | | | | | | 日なた | | | | | | |
| 植えつけ・植え替え | | | | | | | | | | | | |
| 手入れ | | | | 花がら摘みと切り戻し | | | | | 花がら摘みと切り戻し | | | |

# キャットミント

## 青い花とシルバーリーフが魅力

シソ科ネペタ属　多年草

庭植え　鉢植え　耐寒性　耐暑性　丈夫

ミントと名がついていますが、主に観賞用として栽培されます。触れると甘い香りが立ち、葉は緑色かシルバーです。4～6月に青紫色やピンクの花が咲きます。

オザキ流 選び方

春にポット苗や開花苗が出回ります。つぼみや花が多くて株元の分岐が多く、葉がきれいなものを選びます。

オザキ流 育て方

秋か春にポット苗を植えます。日当たりと水はけのよい場所で乾燥気味に育てます。肥料は不要です。花がらは摘み、晩秋に切り戻します。

| | 1 | 2 | 3 | 4 | 5 | 6 | 7 | 8 | 9 | 10 | 11 | 12 |
|---|---|---|---|---|---|---|---|---|---|---|---|---|
| 観賞期 | | | | | | | | | | | | |
| 置き場所 | | | | | | 日なた | | | | | | |
| 植えつけ・植え替え | | | | | | | | | | | | |
| 手入れ | | | | 花がら摘み | | | | | | 切り戻し | | |

# カラミンサ

## 香りのよい清楚な花と葉

シソ科カラミンサ属　多年草

鉢植え　庭植え　耐寒性　丈夫

淡紫色や白、ピンクなどの小さな花が咲きます。丈夫で夏でも葉がさわやかに茂ります。触れるとより香りが漂い、初心者でも育てやすくおすすめです。

オザキ流 選び方

6～7月につぼみつきの開花苗が出回ります。つぼみや花が多くて株元の分岐が多く、葉がきれいなものを選びます。

オザキ流 育て方

日当たりと風通しのよい場所で、水はけのよい用土を使います。緩効性化成肥料を少量、植え穴の用土に混ぜます。梅雨時期に花がらとともに切り戻します。

| | 1 | 2 | 3 | 4 | 5 | 6 | 7 | 8 | 9 | 10 | 11 | 12 |
|---|---|---|---|---|---|---|---|---|---|---|---|---|
| 観賞期 | | | | | | | | | | | | |
| 置き場所 | | | | | | | 日なた | | | | | |
| 植えつけ・植え替え | | | | | | | | | | | | |
| 手入れ | | | | | | 切り戻し | | | | | | |

Part 6

# 花苗と鉢花のガーデニング

花苗や鉢花を購入後の**お手入れ**のポイントや、基本情報を紹介します。

季節ごとにたっぷり咲く草花を1種類だけ花壇に植えて、迫力のあるシーンを楽しむのもすてき。アガパンサスなどの多年草は、掘り取って花後に養生しておく。

# 1　置き場所と水やり

## 育てる植物が好きな環境に

多くの草花は日当たりのよい場所を好みます。特にたくさんの花を咲かせる一年草のパンジーやビオラ、ペチュニア、トレニアなどは、日当たりがよいほうが花数がふえてよく育ちます。

反対に、半日陰や日陰が好きな植物もあります。葉がきれいなギボウシやコリウスは、夏の強い直射日光では葉が焼けて傷んでしまうため、半日陰のほうがよく育ちます。育てる植物に合わせて置き場所を選びましょう。

傾斜のあるアプローチに置いたトレニアの鉢植え。日当たりと風通しがよいのでよく育っている。

半日陰のテラスに置いたコリウスの寄せ植え。コリウスは半日陰を好むので直射日光は避ける。

エントランスホールに置かれたペチュニアの鉢植え。高いところは風通しも日当たりもよい。

## 水やりするときのポイント

日々の水やりは、花壇や寄せ植えを楽しむために欠かせないもので、水は植物が成長する上でもっとも大切なものです。開花中は、花を咲かせるためにも多めに水が必要です。水切れすると花や茎葉がしおれるだけでなく、花が咲かなくなることもあります。

春から初夏は、晴天が続き、気温が上がると用土が乾きやすくなります。注意して用土を観察し、水切れしないように心がけましょう。

夏の乾燥が苦手な植物は、朝夕、水を与えます。用土の乾きが遅いときは、夕方はさっと葉に水をかける程度でよいでしょう。乾燥に強い植物の場合でも、高温で晴天が続く場合は、葉がしおれる前に水やりしましょう。

水やりは、ジョウロのはす口を外し、花にかからないように株元の用土にたっぷりと。花にかけると傷むので注意。

花がたくさん咲いているときは、手でそっと持ち上げて用土に水やりする。鉢の底穴から水が流れ出るまで与える。

# [ 2 | 花がら摘み、摘芯、切り戻し ]

## 花がら摘みできれいに維持する

　咲き終わってしおれた花のことを花がらと呼びます。放っておくと見た目が悪いだけでなく、落ちた花がらが腐って病気が発生したり、害虫の発生源になることもあります。

　また、パンジーやビオラなど、タネができやすく開花期間の長い植物は、花がらを取らないとタネができて株が弱り、花つきが悪くなります。

パンジーやビオラは、花茎のつけ根の近くをハサミで切る。

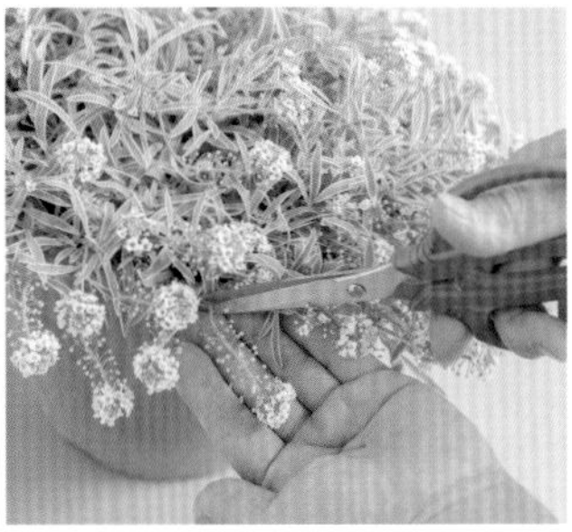

スーパーアリッサムは、花が8割くらい終わった花茎ごと切り落とす。

## 摘芯で充実した株に育てる

　コリウスやサルビアなど、丈が高く成長する植物をそのまま育てると、上に伸びるばかりで枝の数が増えず、バランスの悪い草姿になってしまいます。

　こんもりとした草姿にするためには、小さな苗のうちに、いちばん上の芽を摘み取ります。この作業を摘芯、あるいはピンチと呼びます。新芽を摘むと、わき芽が何本も伸びてこんもりとボリューム感のある草姿になります。

コリウスの摘芯。枝数をふやし、ふんわりとした草姿にするのが目的。

## 切り戻しで長く花を咲かせる

　植物の草丈や樹高が高くなりすぎたり、乱雑に伸びた茎や枝を切り詰めて量を調整することを切り戻しといい、再びわき芽が伸びて、こんもりした草姿になります。

　梅雨の長雨や真夏の高温など、植物にとって悪条件が続くと、葉の色や花つきが悪くなることがあります。この場合も切り戻しをすると、新しい元気な芽がたくさん生えてきます。いずれの場合もわき芽があるのを確認してから、節の上で切り戻すことが大切です。

ペチュニアの切り戻し。ばっさりと1/3～1/2をカットするのがポイント。

# 3 肥料の種類と与え方

## 便利な肥料を活用しよう

植物の成長に必要な養分の中で大切なのが、窒素、リン酸、カリの成分で、これらは土壌中で不足しやすいため、肥料として補う必要があります。

肥料は大きく分けると、有機質肥料と無機質肥料に分類されます。有機質肥料には、油かすや骨粉などがあり、微生物によって発酵分解されないと根から吸収されないため、効き始めるまでに時間がかかります。手軽に扱える発酵ずみの商品がおすすめです。

無機質肥料は肥料成分を化学的に合成して作られ、含まれる成分の量がはっきりわかるので、植物の成長に応じて与えられます。ただし、与えすぎると成長の妨げになるため、控え気味に与えるのがよいでしょう。

このほか、活力剤は、肥料の三要素以外の微量要素を補給します。

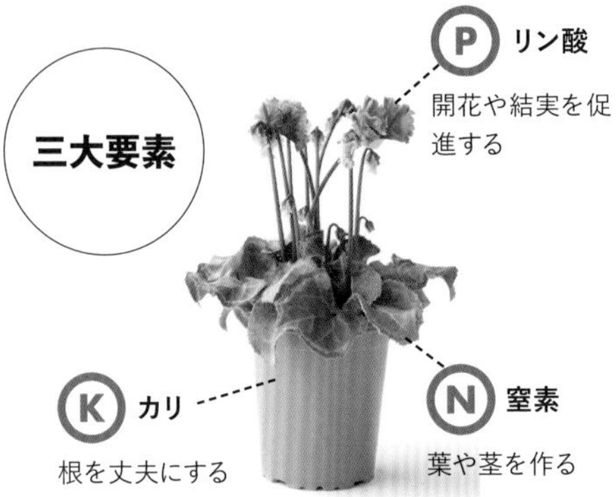


## 肥料の与え方と使い方

### 緩効性化成肥料

植えつけの際に元肥として使うときは、用土に規定の量を入れ、よく混ぜて使用する。

### 粒状の化成肥料

植えつけした植物に追肥で固形肥料を与えるときは、鉢の縁側に規定量を置き、水やりをする。

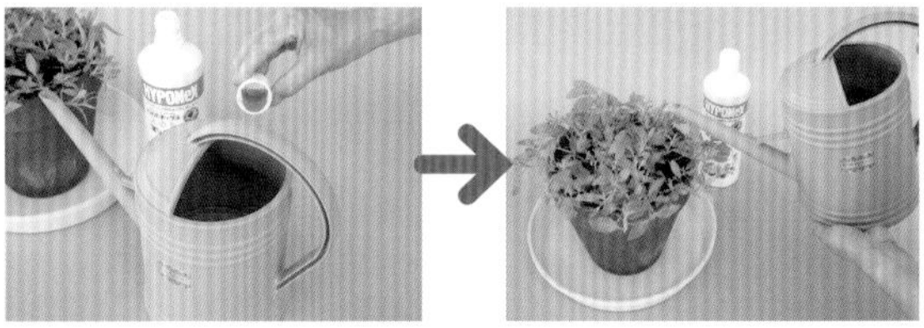

液肥は水で規定倍率に薄めて与える。夏は規定倍率よりも薄めに希釈してこまめに与えたほうがよい。

## 便利な肥料のいろいろ

**化成肥料**
追肥におすすめ。成分のバランスがよく、使いやすい

**マグァンプ K**
緩効性の粒状化成肥料。草花には中粒が使いやすい

**ハイポネックス原液**
草花に使いやすい液肥。商品によって成分比が異なる

**リキダス**
微量元素を補う活力剤。水で薄めて使用する

# 4　病害虫の防除

## 大切なのは、早期発見、早期対策

病気や害虫の被害にあわないためには、まず、健康でよく育った苗を入手することです。また、日頃から花壇や寄せ植え、鉢植えの植物をよく見て、病気や害虫の早期発見を心がけましょう。

害虫を防除するのが殺虫剤で、病気に使うのが殺菌剤です。アブラムシやケムシなどを駆除する殺虫剤、うどんこ病などのカビによる病気の防除をする殺菌剤を両方揃えておきたいものです。ほとんどの薬剤は、人間の薬と同様に、特定の病気や害虫にのみ効果があり、それ以外には効果がありません。

一方で病気にも害虫にも効果がある殺虫殺菌剤というのもあり、1つ備えておくと便利です。

初心者には病気や害虫の種類がわからないことがあります。判断がつかない場合は、園芸店で相談するとよいでしょう。

### 草花や鉢花に発生しやすい病気や害虫

多くの草花に寄生するアブラムシ

ひと晩で草花を食べ尽くすヨトウムシ

ミニバラにつきやすいハダニ

低木などにつきやすいカイガラムシ

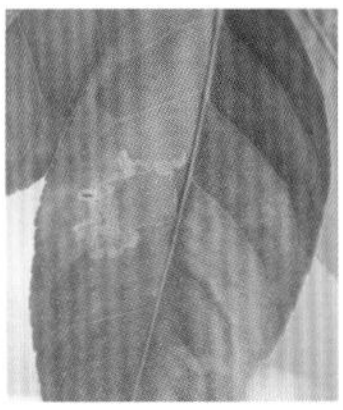
葉の中を食害するハモグリバエの幼虫

葉や花を食害することもある、不快害虫のナメクジ

葉が粉をまぶしたように白くなるうどんこ病

葉や茎にカビが生える灰色かび病

### 便利な園芸薬品のいろいろ

**ベニカ Xファイン スプレー**
適用が多く、便利な殺虫殺菌剤

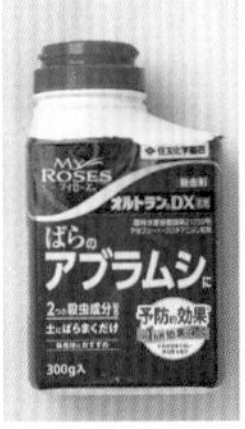

**オルトラン DX粒剤**
鉢にばらまくだけでアブラムシを退治

**家庭園芸用 カリグリーン**
うどんこ病や灰色かび病を防除

**ナメナイト**
ナメクジを誘引し殺虫する

**ベニカナチュラル スプレー**
自然派志向の成分で作られた殺虫殺菌剤

＊適用する害虫や病気の種類で、効果がある薬剤が異なります。ラベルやボトルの注意事項をよく読んで使用法や用量を守り使用してください。

# 園芸の用語集

## あ

浅植え(あさうえ)：苗や球根を植えつけるとき、標準的な位置よりも浅めに植えつけること。

育種(いくしゅ)：交配や選抜などによって新しい品種をつくりだすこと。

移植(いしょく)：苗や株を別の場所から植え替えること。一度、庭などに植えつけた株をほかの場所に移すときにも使う。

一年草(いちねんそう)：タネをまいて1年以内に開花、結実し、寒さあるいは暑さで枯れてしまう植物。

ウォータースペース：鉢植えなどで水やりのときに一時的に水をためるスペース。鉢の上縁から2〜3㎝はウォータースペースとして土を入れない。

栄養系(えいようけい)：挿し芽や挿し木、成長点培養(クローン)などの栄養繁殖で増やした植物であることを示す。

腋芽(えきが)：茎の先端の芽(頂芽)に対して、葉のつけ根から出る芽。わき芽ともいう。

液肥(えきひ)：液体状の肥料のこと。液体肥料ともいう。原液を水で薄めて使うものが一般的だが、粉末状のものを溶かして使うもの、そのままの状態で使うものなどがある。速効性があり、葉面散布にも使える。

$F_1$(えふわん)：性質の異なる交配親の間に生まれた雑種の一世代目。一般的にはどの株も均一になる性質をもつ。

晩生(おくて)：タネまきや植えつけから開花や収穫までの期間が比較的長い品種。

お礼肥(おれいごえ)：花を咲かせた後の疲労している植物の、樹勢や草勢の回復を図るために与える肥料。

## か

化学肥料(かがくひりょう)：化学工業的に製造された肥料。含まれる成分によって、特定の養分が主体の単肥と、複数の養分が含まれる化成肥料に分類される。

学名(がくめい)：生物の種につけられた世界共通の名前。二名法という方式に基づき、ラテン語で属名と種名を表記する。

花茎(かけい)：花を支える茎の部分。

化成肥料(かせいひりょう)：化学工業的に製造される化学肥料の中で、窒素、リン酸、カリのうち、2つ以上の成分が含まれるもの。

活着(かっちゃく)：植えつけた苗が花壇などに根づくこと。根づいて成長を開始すること。

株間(かぶま)：花壇などに苗を植える際の、株と株の間隔。植物の大きさによって変える。

株分け(かぶわけ)：多年草などの大きくなった株を、2つ以上に分けること。繁殖方法のひとつ。株の若返りを図る効果もある。

カラーリーフプランツ：葉の色が銀白色、ライム、赤褐色、斑入りなど、カラフルな葉色をもつ植物をいう。

カリ：肥料の三要素のひとつ。根や茎を丈夫にするので「根肥(ねごえ)」とも呼ばれる。カリウム。N、P、Kのうち「K」。

緩効性肥料(かんこうせいひりょう)：ゆっくり、長時間にわたって効きめが持続する肥料。急速に効いて、根を傷める心配がない。

完熟堆肥(かんじゅくたいひ)：原料の有機質が完全に分解され、熟成が進んだ堆肥。

寒冷紗(かんれいしゃ)：粗い網目状の資材で、防寒や水分の蒸散防止、目の粗さや色の違いで遮光に役立てる。

切り戻し(きりもどし)：伸びた茎や枝を短く切り詰めること。新たな芽が伸びて乱れた草姿を整えることができる。

球茎(きゅうけい)：短縮した茎が、養分の貯蔵器官として肥大し、球形、また卵形になったもの。

休眠(きゅうみん)：成長に適さない環境下で、植物が一時的に成長を休むこと。

休眠期(きゅうみんき)：冬の寒さや夏の暑さなど生育しにくい時期は生育を停止する。一年草はタネで、宿根草は根株で、球根は球根で、落葉樹は葉を落として休眠する。

強剪定(きょうせんてい)：形を整えたり成長を抑える目的で行う剪定で、普段より短めに切ること。

苦土石灰(くどせっかい)：苦土(マグネシウム)が含まれた石灰資材。土の酸度(pH)調整に用いる。マグネシウム(苦土)とカルシウム(石灰)により、土壌をアルカリ性寄りに調整する。使いやすい粒状のものもある。

グラウンドカバー(ground cover)：植物で地表を覆うこと。草丈の低い植物で、一般に頑強な性質の植物(グラウンドカバープランツ)を用いる。

こぼれダネ：栽培していた植物の結実したタネが自然に落ちたもの。

コンテナ(container)：植物を植える容器。日本では一般に大型のものをさす。小さいものは鉢、プランターなどと呼ぶ。

## さ

挿し木(さしき)：木の枝を土に挿して発根、発芽させ、新しい株を作ること。

山野草(さんやそう)：品種改良された園芸植物に対し、山や野原に自生する草花を指す。最近は実生や挿し芽などでふやされた栽培品が多く出回っている。

三要素(さんようそ)：肥料の三要素。植物が特に多く必要とする、葉肥といわれる窒素(N)、実肥といわれるリン酸(P)、根肥といわれるカリ(K)の3つの栄養素。

四季咲き性(しきざきせい)：開花期がほぼ春から秋にわたるもの(冬に咲くものもある)。熱帯植物などは、一定の温度があればいつでも花を咲かせるものもあるが、日本の気候では一季咲きになることが多い。

宿根草(しゅっこんそう)：冬になって地上部が枯れても、土の下にある根や茎、芽などが枯れず生き残り、春になると再び芽を出して成長する植物。多年草の一種。

素焼き鉢(すやきばち)：700〜800度で焼いた陶製の鉢。多孔質で排水、通気性がよく、植物を育てるのに適している。

整枝(せいし)：樹形を整えるために行う剪定や摘み取る摘芯(ピンチ)や、腋芽を摘み取るわき芽摘み、針金かけなど樹形を作る作業。養分を残した部分に集中させ、風通しや日当たりをよくする効果もある。

剪定(せんてい)：樹形を整えたり、大きくなるのを抑えるために、枝を切ること。風通しや日当たりをよくしたり、養分を集中させて花つきをよくしたりするためにも行う。

速効性肥料(そっこうせいひりょう)：与えるとすぐに植物に吸収されて効果が現れる肥料。液肥など。

## た

耐寒性(たいかんせい)：寒さに耐えられる性質。寒さに強いものを「耐寒性がある」という。

耐暑性（たいしょせい）：暑さに耐えられる性質。

堆肥（たいひ）：わらや樹皮などに家畜のふんなどを加えて堆積し、腐熟させたもの。土の通気性をよくし、肥料もちをよくするなど、土壌改良材として使われる。

耐病性（たいびょうせい）：病気になりにくい性質。

多年草（たねんそう）：同じ株が何年も成長を続ける草花。宿根草や球根植物、常緑の植物など。

短日植物（たんじつしょくぶつ）：秋になって日が短くなると、花芽をつけて花を咲かせる植物。

窒素（ちっそ）：肥料の三要素のひとつ。葉をつくるために必要で「葉肥」とも呼ばれる。不足すると葉が小ぶりになり、葉色が悪くなる。N。

直根（ちょっこん）：地上部の主幹と正反対に、真下へ長く太く伸びた芽。

追肥（ついひ）：タネまきや植えつけ後に、植物の成長に応じて施す肥料。追い肥（おいごえ）ともいう。

摘芯（てきしん）：枝の伸びを抑えるためやわき芽を出させるために、伸びている枝の先端部を摘んだり、切ったりすること。ピンチともいう。

土壌改良材（どじょうかいりょうざい）：植物の生育に公的な土壌にするために、土に混ぜ込むもの。堆肥、腐葉土などが使われる。

土壌酸度（どじょうさんど）：土壌の酸性の強度。pHで表される。中性の値はpH7、これより小さい場合は酸性、大きい場合はアルカリ性という。日本の土壌は酸性になりがちなので、石灰で調整することが多い。

徒長（とちょう）：茎や枝がひょろひょろ伸びること。光量不足、密植、水分や窒素過多、高温などが原因で起こる。

## な

二年草（にねんそう）：発芽から開花、結実するまで1年以上（2年以内）かかり、一度結実すると枯れてしまう草花。

根腐れ（ねぐされ）：根詰まりや過湿、高温、低温、肥料過多などにより、根が腐ってしまうこと。

根詰まり（ねづまり）：鉢やコンテナいっぱいに根がおびて窮屈になり、通気性、排水性、養分の吸収能力が衰えてきた状態。

根鉢（ねはち）：鉢やポットなどで育てた苗の、根が張って土が鉢の形に固まった状態のもの。根が多いものは少し崩して植えつける。

## は

バーク（bark）：モミなどの樹皮をくだいたもの。マルチングなどに使うほか、発酵させて用土や堆肥の材料などにも使われる。

培養土（ばいようど）：鉢植えやコンテナ栽培で、植物を育てるときに使う土。数種類の土や堆肥、肥料などを混ぜ合わせたもの。

花がら（はながら）：枯れたり、しおれた花。実をつけたり、タネを取ったりする必要がなければ早めに取り除く。

花芽（はなめ・かが）：花が咲く芽。成長するとつぼみをつけ、花が咲く枝になる芽。

花芽分化（はなめぶんか・かがぶんか）：植物に花芽ができること。日長や温度などに影響される。種類によって分化する条件、時期に差がある。

葉水（はみず）：霧吹きやジョウロなどを使い、葉を中心とした植物全体に水をかけること。

葉やけ（はやけ）：強い直射日光に当たって、葉が傷むこと。褐色に変色したりして元に戻らなくなる。

半耐寒性植物（はんたいかんせいしょくぶつ）：0度近くの低温に耐え、霜が当たらなければ屋外で冬越しできる植物。

半日陰（はんひかげ）：木漏れ日などが当たる場所。寒冷紗などで遮光した場所。あるいは1日3〜4時間くらい日が当たる場所。

肥沃（ひよく）：土が有機質に富んで肥えていること。

肥料やけ（ひりょうやけ）：肥料を与えすぎたり濃度の濃すぎる肥料を与えたりしたときに起こる生理障害。葉や新芽がしおれてくる。鉢植えでは、大量の水をかけて肥料を洗い流すとよい。

斑入り（ふいり）：葉に模様のようにほかの色が混じる状態。

腐葉土（ふようど）：主に落葉樹の枯れ葉を腐熟させた土壌改良材。肥料成分は少ないが、通気性をよくしたりする効果がある。

プラスチック鉢（ぷらすちっくばち）：プラ鉢ともいう。色や形はさまざま。軽くて壊れにくいが、通気性や排水性が素焼き鉢より劣るので水やりに注意。

プランター：長方形の大きめの鉢。丸形や正方形で大型のものはコンテナということが多い。

分枝（ぶんし）：わき芽が伸びて枝分かれすること。

ポット苗（ぽっとなえ）：ポリエチレン製の育苗ポットで育てられた小型の苗。

ほふく性（ほふくせい）：地面を這うように成長する性質。

## ま

マルチング（mulching）：土の水分蒸発を抑えたり、雑草防止や防寒のために株の周りの土の表面を腐葉土や堆肥、ビニールなどで覆うこと。マルチともいう。

無機質肥料（むきしつひりょう）：人工的に三要素や微量要素を合成した肥料。肥効が高く、多くが速効性をうたっている⟷有機質肥料。

元肥（もとごえ）：植物を植えつけるときに施す肥料。効果が長い肥料を与える。

## や

誘引（ゆういん）：茎や枝を支柱やネットなどにところどころ固定して形を作ること。

有機質肥料（ゆうきしつひりょう）：油かすや骨粉、鶏ふん、魚粉、堆肥など、動物性、植物性の肥料。ほとんどが遅効性で、微生物によって分解されてから効きめが現れるものが多い。微量要素を含む。有機質肥料⟷無機質肥料。

## ら

落葉樹（らくようじゅ）：秋に落葉して冬には葉がなくなる樹木。

ランナー：親の株から伸びた茎で、ある程度伸びると発根して子株を作る。走出枝とも呼ぶ。アジュガなどのグラウンドカバープランツで見られる。

リン酸（りんさん）：肥料の三要素のひとつ。花や実をつけるのに必要で、実肥ともいわれる。不足すると花つき、実つきが悪くなる。P。

## わ

矮性（わいせい）：小さいこと。草丈が低いこと。小型の植物。

わき芽（わきめ）：茎の先端の芽（頂芽）に対し、葉のつけ根から出る芽。腋芽。

早生（わせ）：タネまきから開花までの期間が短い品種。

# 植物名索引

［参考文献］


『「園芸店で買った花」をすぐ枯らさない知恵とコツ』（主婦の友社 編、主婦の友社）
『NHK趣味の園芸 プラス・ワン もっとシクラメン』（金澤美浩・横山直樹 監修、NHK出版）

監修
## オザキフラワーパーク

1961年、東京都練馬区石神井台に園芸植物の生産業として創業。1975年、現在の園芸専門店として開店。その後売り場を拡大し、生花、観賞魚なども扱い、ガーデン・エクステリアのデザイン施工部門、100円ショップ、カフェも導入し、現在3,000坪の敷地にて営業。“Feel the Power of Plants”（感じよう！植物の力！）をスローガンに、首都圏最大級の品揃えとサービスを誇るガーデンセンターとして知られ、花苗・観葉植物をはじめとしたあらゆる植物の販売や情報の発信、イベントを開催している。各都道府県の花市場が推薦する花の専門店「FIVE STAR」を認定。監修した書籍に『花の寄せ植え 主役の花が引き立つ組み合わせ』『プランターで楽しむ おうちで野菜づくり』（ともに池田書店）、『はじめての多肉植物 育てる・ふやす・楽しむ』（新星出版社）などがある。

https://ozaki-flowerpark.co.jp/
（Instagram）
https://www.instagram.com/ozakiflowerpark/
（X・旧Twitter）
https://twitter.com/ozakiflowerpark

デザイン　山本 陽（エムティクリエイティブ）
編　　集　澤泉美智子（澤泉ブレインズオフィス）
撮　　影　杉山和行
撮影協力　弘兼奈津子　澤泉ブレインズオフィス
栽培指導　オザキフラワーパーク
DTP制作　天龍社
校　　正　ケイズオフィス

枯らさず長く楽しむ
# 花の育て方図鑑

2023年11月20日　第1刷発行

監修者　オザキフラワーパーク
発行者　木下春雄
発行所　一般社団法人 家の光協会
〒162-8448
東京都新宿区市谷船河原町11
電話　03-3266-9029（販売）
03-3266-9028（編集）
振替　00150-1-4724
印刷・製本　図書印刷株式会社


ISBN 978-4-259-56775-0 C0061